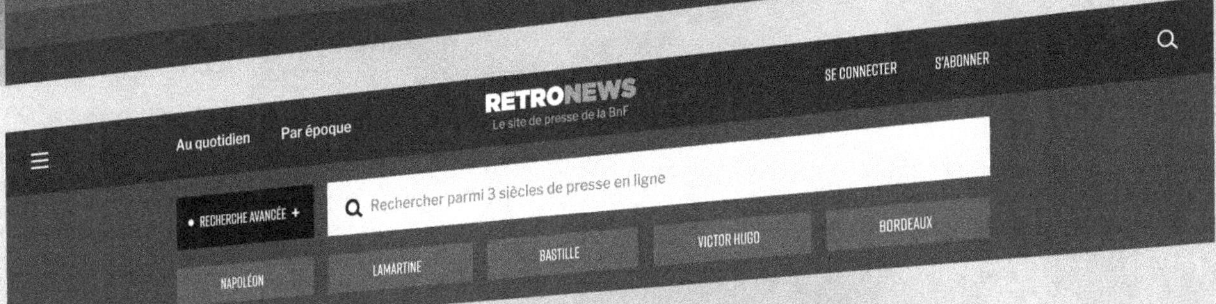

Découvrez l'histoire par les archives de presse

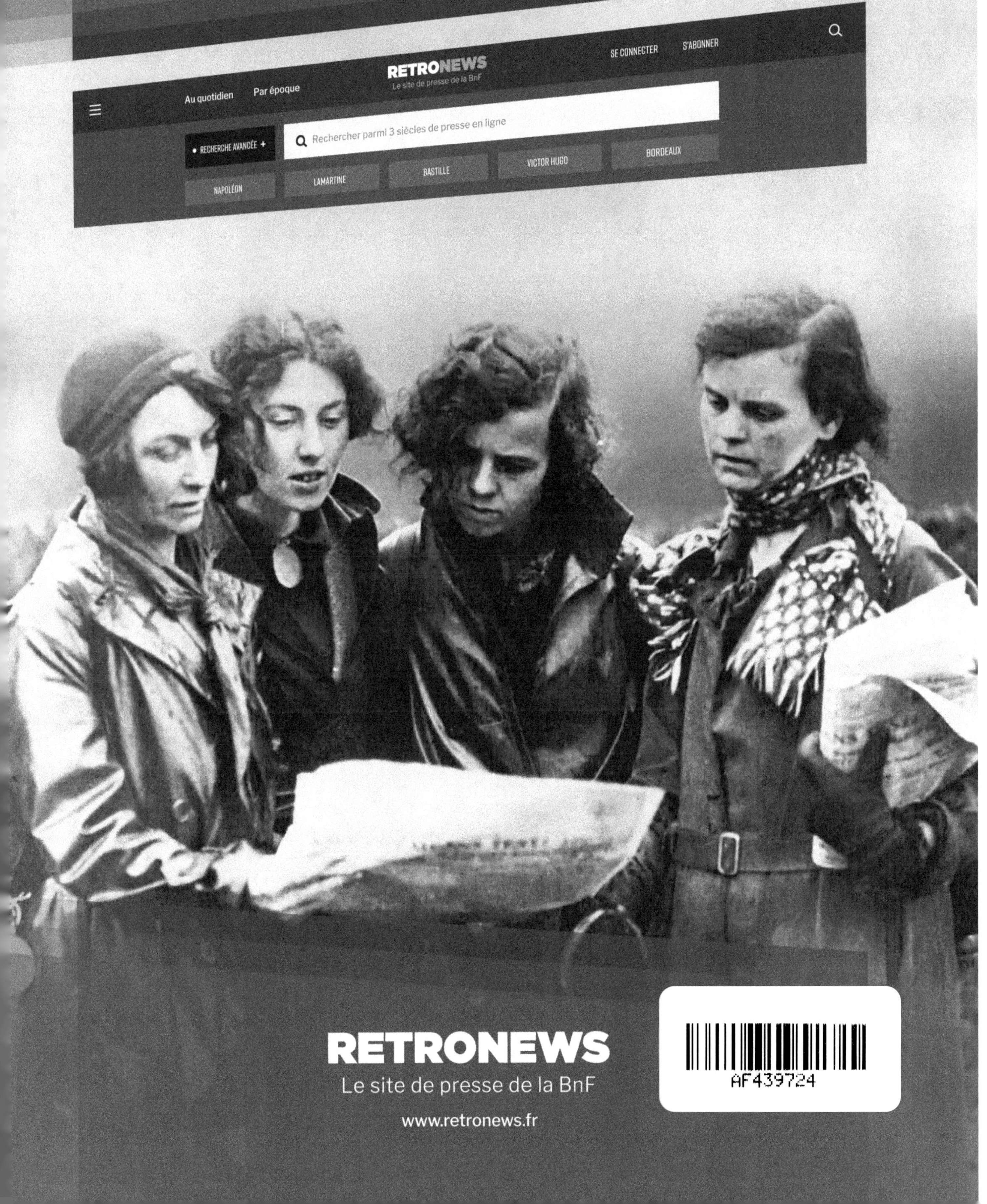

RETRONEWS

Le site de presse de la BnF

www.retronews.fr

AF439724

Ire Année. — N° 1.   Le N° (80 pages) : 50 Centimes.   1er Décembre 1894.

LA
REVUE DE PROVINCE

LITTÉRAIRE, ARTISTIQUE, THÉATRALE, ILLUSTRÉE

Paraissant tous les quinze jours

DIRECTEUR : ALFRED REMY

RÉDACTEUR EN CHEF : PIERRE PAUL

SOMMAIRE :

Le Rôle et la Situation de l'écrivain dans la société, par Alfred REMY. — A Mademoiselle Jeanne, par Paul VERLAINE. — Enlizement (nouvelle), par Henry DE BRAISNE. — La Fleur des ruines, par Edouard GRENIER. — M. Beyle, par Charles MISSOL. — L'Amant des agonies (nouvelle), par René CHAMPDEUIL. — Résurrection, par Charles FOSTER. — Le Drapeau, par Joseph MANIN. — Lettre d'automne, par Victor DE CHAMPVANS. — Le Boa, par Georges BOSTERHAUT. — Lasciate, par Ch. POIRSON. — Aldébaran (nouvelle), par Georges PACHUSI. — Violettes fanées, par F. MÉRIOT. — Choses d'amour (nouvelle), par Charles DE ROUVRE. — L'Inexorable (nouvelle), par Jehan PASCAL. — Probité (nouvelle), par D. HAGUENAUER. — La Mare, par Marius DILLARD. — Automne, par Louis DUPLAIN. — Livre d'or, par Fred MARYEL. — Art dramatique, par André SERPH. — Théâtres : Paris, par André SERPH; Marseille, par M. D'ARCOURT; Lyon, par Charles MISSOL; Saint-Etienne, par Pétrus DUREL; Rouen, Bordeaux, Besançon, etc. — Spectacles et Concerts de Paris, par PIROUETTE. — Chronique des livres, par A. REMY, G. PACHUSI, L. CORTAMBERT et vicomte de RESBECQ. — Revues et Journaux. — Echos artistiques, etc. — Illustrations, par Charles MISSOL fils et Ch. WEISSER.

LA REVUE NE PUBLIE RIEN QUE D'INÉDIT

ABONNEMENTS :

FRANCE : Un an . . . . . **12** »	ETRANGER : Un an . . . . **14** »
— Six mois . . . **6.50**	— Six mois . . . **7.50**

Les abonnements sont payables d'avance

Administration et rédaction : 20, rue Gambetta, BESANÇON

PROGRAMME DE LA « REVUE DE PROVINCE »

La **Revue de Province** a pour but : *décentralisation* et *rénovation.*

La **Revue de Province** paraît le 10 et le 25, en fascicules de 80 pages superbement illustrées par des artistes de talent.

La **Revue de Province** publie des articles de Sociologie, Philosophie Religion, Histoire, Critique littéraire, Critique d'art, Critique musicale; de Contes, Récits, Nouvelles, Romans, Impressions de voyages, Poésies, Portrait de célébrités contemporaines, Description artistique et historique des provinces des Questions scientifiques; un Livre d'or des artistes de Paris et de province Poètes du clocher; le Compte rendu de tous les principaux Théâtres françai des Spectacles, Concerts, Expositions; la Chronique des Livres nouveaux, de Revues et Journaux; des Saynètes, Croquis humoristiques, Echos artistiques (mondains, etc. De nombreuses illustrations agrémentent le texte.

La **Revue de Province** s'est assuré la collaboration effective des *maître* de la littérature; mais elle accueille aussi les *jeunes* de talent. Elle compte plu de 200 collaborateurs.

La **Revue de Province** professe l'*indépendance* en politique, l'*éclectism* en littérature. Les auteurs sont seuls responsables de leurs articles. Toutefoi elle écarte impitoyablement les écrivains *pornographiques, révolutionnair* ou *décadents.*

Tous les articles sont inédits.

Afin de compléter son programme, la **Revue de Province** s'est adjoi une *Bibliothèque,* où seront éditées les œuvres de ses collaborateurs.

La **Revue de Province** formera chaque année un magnifique recueil (2,000 pages, le plus curieux, le plus varié, le meilleur marché qui soit, une sor de musée des familles, où chacun trouvera son intérêt et son agrément.

La **Revue de Province** a des bureaux correspondants et des secrétair de rédaction à Paris, Lyon, Marseille, Rouen, Bordeaux, Toulouse, Nancy, et (général dans toutes les principales villes de France.

La **Revue de Province** fera mention de tout ouvrage qui lui sera envoy en *double exemplaire* et en rendra compte, s'il y a lieu.

Le numéro de 80 pages illustrées se vend 50 centimes

La **Revue de Province** est en vente dans toutes les principales librairie kiosques et bibliothèques des gares.

Numéro-Programme.   10 Octobre 1894.

LA
REVUE DE PROVINCE

LITTÉRAIRE, ARTISTIQUE, THÉATRALE, ILLUSTRÉE

PARAISSANT LE 10 ET LE 25 DU MOIS

DIRECTEUR : ALFRED REMY

BUREAUX : 20, Rue Gambetta, 20. — BESANÇON

EN GUISE DE PRÉFACE

LE ROLE ET LA SITUATION DE L'ÉCRIVAIN DANS LA SOCIÉTÉ

1ʳᵉ PARTIE

De tous temps, à travers l'évolution des âges et des générations, le penseur — l'écrivain particulièrement — a été un objet de vénération unanime, presque de culte, de la part de ceux parmi lesquels il a vécu et agi ; de tous temps, aux époques les plus reculées comme chez les peuplades les moins civilisées, on a reconnu la nécessité indéniable de son rôle et on l'a favorisé. Ceci incontestablement ! Son génie s'est manifesté sous différentes formes, suivant son tempérament et les circonstances qui ont pu influer sur lui ; il a subi toujours l'impression du moment, et d'après elle s'est modelé, la reflétant dans son œuvre ; mais, toutefois, il n'a pas cessé d'être une sorte de prophète, de prêtre-roi, considéré comme tel. Pour preuve, j'ai le témoignage le plus éloquent, le plus irréfutable : celui de l'antiquité tout entière et des temps modernes.

En effet, ouvrons l'histoire. Voici :

Déjà à l'aube des siècles, à l'origine du monde, cela était : des hommes, des génies plutôt, se prétendant inspirés de la divinité et chargés d'une mission surnaturelle (autant de titres qui rehaussaient leur prestige et les accréditaient dans l'esprit crédule des pri-mitifs), possédant en tout cas l'enthousiasme sans bornes et la Foi, — germes des vocations irrésistibles, — s'en allaient clamer à l'humanité attentive et étonnée leurs hymnes exultant de lyrisme ; et, porte-voix de Celui — nommez-le Dieu, Éternité ou Cause première — qui préside aux événements et les ordonne, dicter les volontés de Jéhovah, leur Seigneur. Identifications humaines de l'Être Puissant, hallucinés, soit ! hommes fabuleux du moins ! œuvre prodigieuse ! Et leur influence fut telle sur la conviction ardente et spontanée, sur l'exaltation naïve qui caractérisait les Hébreux, à l'instar des races orientales, qu'on les élevait au rang de prophètes, et que, même après leur mort, au milieu des crises qui bouleversaient l'empire juif, on demandait des oracles à leur tombeau. D'aucuns furent sacrés rois : tel David ! Il fut réservé à Moïse de délivrer le *peuple de Dieu* et de lui montrer le chemin de Chanaan, après avoir englouti, dans les vagues obéissantes de la mer Rouge, l'armée des Pharaons. D'autres, élus comme lui chefs d'armée, se transformèrent soudain en conquérants, forts de leur croyance fataliste en leur prédestination, joignant l'acte à la parole, conduisant les nations à l'accomplissement des destins qu'ils avaient annoncés.

Écoutez :

« Dieu dit à Abraham : Quittez votre pays, votre famille et la
» maison de votre père ; venez dans la terre que je vous mon-
» trerai. Vous serez le père d'un grand peuple... »

Toute la religion judaïque est contenue dans cette prédiction. C'est en quelque sorte le passeport dont se serviront les législateurs d'Israël pour lui imposer leurs volontés. De même Christ devait donner plus tard son injonction solennelle à ses disciples et les envoyer aux quatre coins du monde porter en son nom la parole divine : l'Évangile.

Et quelle sublime poésie éparse dans chaque feuillet de l'Écriture sainte, poésie pure, aux images éblouissantes, reflet immédiat de l'Idéal !

Époque prodigieuse, où la Foi — sinon Dieu — faisait des miracles ; âge mystérieux, âge d'or de l'humanité, dont l'incroyable splendeur fait douter, comme d'un conte de fées merveilleux ! Moïse, David, Job, Isaïe, Ezéchiel, poètes grandioses de cet âge, tous hauts de cent coudées ! O les édifiantes figures que ces types légendaires, profilés à chaque page de la Bible, leur œuvre colossale, tous ces apôtres du Rêve et de l'Idéal, évoqués, plus grands que nature, au seuil des Edens et de la Terre promise, à travers la loupe de leur imagination emphatique !

Ce furent là les premiers poètes. Leur mission existe. La Nature a pris soin de répartir les êtres et de leur assigner à chacun un rôle dans cette vaste harmonie qui se nomme la Création. Voilà pourquoi j'ai insisté sur ce préambule, pour bien marquer notre origine, pour bien définir notre but. C'est le *nascuntur poetæ* des latins, que Victor Hugo a traduit à son tour par ce vers sententieux, tant contesté, si vrai pourtant :

Le poète s'adosse à l'arche...

Principe éternellement démontré, sur lequel je me baserai pour établir le rôle de l'écrivain dans la société moderne, où ce vers est plus de circonstance que jamais ; et j'aurais pu l'inscrire, en épigraphe, en tête de cet article.

Imposteurs ! ricaneront les profanes ; — car aussi bien que les religions, et pour les mêmes causes, les littératures ont leurs athées, leurs païens ; — mais toutefois imposteurs sublimes, aux magiques mensonges ! — Magiques, puisque sur eux se sont greffées des civilisations tout entières, et qu'ils ont ordonné des mondes !

Il y a des poètes, comme il y a des boulangers ou des maçons, parce que, si nous avons un corps à entretenir, nous avons aussi une intelligence à nourrir, parce que nous avons en nous une double vie : la vie matérielle et la vie spirituelle, de même que nous avons une tête et des bras. Les uns sont nés pour être poètes, comme les autres pour être boulangers, et Boileau avait raison quand il disait aux rimeurs sans vocation, « barbouilleurs de papier » dont nous parle Molière :

Soyez plutôt maçon, si c'est votre métier.

Car, affirme d'autre part La Bruyère : « C'est un métier de

faire un livre comme de faire une pendule; » et, aussi bien que Boileau, aussi bien que Molière, La Bruyère avait raison.

Mais revenons à nos moutons...

L'auréole, dont les siècles ont nimbé le front des patriarches, ne rejaillit-elle pas, plus glorieuse, sur le plus illustre d'entre leurs fils, sur le Christ, prince des philosophes, dont l'existence, faite d'abnégation austère et de dévoûment magnanime, — point de départ du socialisme, son plus beau titre au respect de l'avenir, — fut l'origine d'une autre ère, et régénéra l'humanité, qui, le divinisant dans son ravissement, le ressuscita parmi l'apothéose de l'immortalité !

Semblable triomphe se renouvela autour de Mahomet, *Christ des Musulmans*, — *plagiaire* du Christ, entre parenthèses, qui copia celui-ci comme une femme copie une toilette dont elle est jalouse. — Mahomet qui, dans le Coran, cet autre Evangile, *Bible de l'Orient*, se révéla si *roublard* en la science des peuples, si charlatan parfois, décoré par ses coreligionnaires de ce surnom flamboyant : le Prophète.

Esprits vastes comme l'infini, initiateurs des religions !

Sans doute ce prestige diminua avec le temps, au fur et à mesure que la lumière se fit sur les ténèbres où flottait la société naissante, et que la science apparut, provoquant le désenchantement des premières chimères, la science, tueuse d'illusions, qui dissipa la crédulité avec l'ignorance.

Et pourtant, chez les Grecs encore et chez les Romains, l'estime que l'on portait à ces gardiens de l'étincelle divine, à ces Prométhées ravisseurs du feu sacré, symbolisés souvent dans les mythes païens par les allégories les plus flatteuses, était immense. Qu'on se rappelle les fameux *jeux olympiques*, incomplets, si la poésie n'eût mêlé sa voix aux applaudissements, et ne s'en fût faite l'écho pour célébrer le vainqueur; les *Sybilles*, prêtresses fauves de l'avenir; les *Augures*, qu'au Moyen-Age on eût condamnés au feu sous l'inculpation de sorcellerie, et dont les oracles sont si scrupuleusement écoutés par les plus éclairés de la nation; — Athènes épithétisée : la *République des lettres*; à Rome, la cour d'Auguste, Mécènes donnant officiellement asile au doux Virgile, au Cygne de Mantoue, à Horace, l'épicurien, précurseur des philosophies modernes et régent du vieux Parnasse, à Tite-Live, à d'autres. Rappelez-vous César, le *général historien*; Catilina, fulminant par ses discours des traîtres à la patrie, les condamnant de ce seul mot, bref autant qu'impérieux : *Vixerunt*, ils ont vécu, obéi au seul charme de sa parole; Démosthène commandant la guerre contre Philippe du haut de la tribune; et combien célèbres au même titre, honorés du même culte par toute l'antiquité païenne, déifiés après leur trépas, — témoin Orphée, que la légende nous montre rendant la matière même attentive à ses chants, et fléchissant, grâce à leur mystérieuse magie, Cerbère, l'impassible gardien des Enfers. Dans un autre ordre d'idées, nous trouvons Aristophane, Juvénal, Plaute, Térence, commentant dans leurs virulentes satires la conduite des rois eux-mêmes, plus hauts donc que ceux-ci, formant comme un aréopage suprême, comme un tribunal des princes, vivantes incarnations de la justice. Sans doute la légende a une grande part dans quelques-uns de ces faits qui nous ont été transmis de génération en génération, sous le voile souvent inviolable des siècles; mais cela prouve suffisamment à quel degré on estimait alors ces favoris des dieux qu'on nomme « les Poètes. »

Et maintenant, laissez-moi vous évoquer les nomades eux-mêmes, les peuplades barbares, s'entraînant aux combats par les hymnes guerriers que leurs bardes avaient composés, célébrant leurs victoires, et éveillant en eux le désir de nouvelles batailles, de nouveaux trophées; phénomène latent de nos jours plus que jamais, s'il faut en juger par l'innombrable phalange des poètes chauvins, depuis Déroulède, ce « charlatan du patriotisme, » comme on l'a si bien défini, jusqu'au plus obscur rimeur.

Plus près de nous, à l'enfance des temps modernes, nous retrouvons, quérant de castel en castel une généreuse hospitalité, se faisant ouvrir toutes les portes, payant leur écot de leurs chansons, les *trouvères* et les *troubadours*, enfants de la « gaie science, » aèdes et rapsodes d'un autre âge : celui des fabuleuses chevauchées et des contes de fées, où se plaisait l'imagination naïve et ardente des hommes d'alors.

Puis ce sont les poètes admis dans toutes les cours, dans l'intimité des souverains, au nombre de leurs conseillers, adulés et écoutés dans leurs avis; c'est Villon, le pendable Villon, pardonné de Louis XI, le roi implacable, grâce à la verve spirituelle et enjôleuse de sa muse; c'est la reine Marguerite donnant un baiser sur la bouche au poète Alain Chartier endormi dans un corridor du palais — Alain Chartier, l'homme le plus laid de son époque — et répondant aux courtisans surpris ce magnifique propos : « Ce n'est pas l'homme que j'embrasse, mais la bouche » d'où sont sortis tant de mots dorés. » Et il y a deux cents ans à peine, jaillissant au rayonnement protecteur et heureusement influent de ce Roi-Soleil, du grand Louis XIV, — qui, tel autrefois Auguste, a consacré un siècle de son nom, — une floraison radieuse et touffue, — la plus splendide peut-être dont se parent les annales de la littérature, — d'écrivains et de génies de toutes sortes, ne s'est-elle pas épanouie, confirmant ce que nous avons dit plus haut?

Récemment même, ne pourrais-je citer Victor Hugo, ce roi de la poésie, dont tous se souviennent, hier disparu, mêlé à tous les événements de son époque, trônant, universellement glorifié, par la seule puissance et l'étincellement de son génie, Victor Hugo qui fut l'homme de son siècle, comme Napoléon, et fut pour le monde littéraire ce que ce dernier avait été pour le monde politique ; — Lamartine, son contemporain et son émule, qui lui dispute la palme, à qui la France, en proie aux transes de la Révolution, n'hésite pas à confier sa fortune chancelante, son sort presque désespéré, comme à un maître et à l'unique libérateur entrevu.

C'était bien là le *poïètés* (créateur) des Grecs, et le *vates* (inspiré) des Romains.

Et de tels faits abondent dans l'histoire, je l'ai dit. Ceci n'est qu'un résumé où sont relevés les principaux, les plus caractéristiques.

Actuellement, d'ailleurs, à cette heure de scepticisme et d'apathie, n'y a-t-il une foule d'écrivains immiscés aux affaires du gouvernement, en qualité de sénateurs, de députés, de ministres, de représentants du peuple, en un mot? De tels arguments ne semblent-ils pas concluants, et ne sont-ils un démenti formel, signifié à ceux qui, illusionnés par une fausse lueur de progrès, ainsi que des voyageurs déroutés par le leurre du mirage, nient l'utilité du penseur dans la société, dont il est l'*âme, le moteur moral?*

. .

C'est que toujours l'écrivain a eu une influence — heureuse ou néfaste, mais évidente — sur son époque. En effet, dès qu'il a triomphé de l'incrédulité et de la méfiance qui l'entourent, au début, et l'entravent, il apparaît comme un devin, comme un porte-voix de la justice et de la vérité, et on l'écoute, et on l'admire. Une nation sans écrivains, ce serait un corps sans âme. La société est une masse inerte, une machine admirable, mais à l'état d'immobilité ; et besoin est d'un levier pour ébranler cette masse, d'un mécanisme pour mouvoir cette machine. Or, il est un fait que l'idée est la motrice de la matière, puisque sans sa volonté, sans son impulsion, la matière resterait inerte, incapable d'agir par elle-même. Car ce qu'on est convenu d'appeler l'*âme* d'une *locomotive*, par exemple, n'est autre que l'*âme de l'artisan* qui la lui a transmise. Donc, l'écrivain qui personnifie l'idée et l'incarne dans son œuvre est le bras merveilleux qui fait marcher le monde. Abstraction, il est la force intelligente, la nécessité. Être, il est le roi : que le monde le salue! Axe de la sphère immatérielle, principe du mouvement social qu'il annonce et dirige, il a droit en partie à l'obéissance des foules, parce que, dit Ibsen :

« La populace n'est que la matière première dont doit être » extrait le vrai public. Jusque-là, la minorité de quelques » hommes vraiment développés, vraiment nobles d'esprit, aura » *toujours raison.* »

Fumiste! vont déclarer sentencieusement quelques béotiens. Non, c'est une déduction des faits que je présente, leur logique. La littérature étant le mobile, un peu de la gloire de l'action doit lui revenir.

Aussi je m'étonne sincèrement de la situation qui est faite à l'artiste en général et à l'écrivain en particulier (le seul qui nous occupe ici) par la société moderne, — situation précaire, en réalité. Et je m'en étonne surtout maintenant, en pleine période de République, alors que le régime gouvernemental devrait le favoriser, au contraire, en lui accordant une plus grande liberté de penser et d'écrire. (En effet, malgré son apparente indépendance, rétrécie encore par les dernières lois contre la liberté de la presse, qu'un auteur ose parler, dans une comédie comme Aristophane, dans une satire comme Juvénal, ou mieux, comme Rabelais, qu'il ose parodier la corruption des mœurs et flétrir les exactions, je l'en défie, à moins qu'il ne craigne ni la prison, ni l'exil!) Le plus souvent, les luttes matérielles étouffent en nous les aspirations idéales; la griffe de la réalité déchire l'aile de la chimère; et le résultat immédiat de cet état de choses, c'est que l'Art est menacé d'une ruine imminente, envahi par le bourgeoisisme et le mercantilisme le plus repoussants.

Qu'est-ce que l'*Art*, en effet? Mystère pour le spectateur qui se sent fasciné devant une belle œuvre et l'admire, sans savoir le pourquoi de cette sensation de satisfaction éprouvée soudainement; c'est quelque chose de beau, de grand, de supérieur, qui l'éblouit avec le charme de tout ce qui surpasse la nature; c'est la communion de son âme avec celle de l'artiste qui a su en faire vibrer les cordes : rien de plus. Mais, pour nous, les créateurs de ces œuvres, c'est l'identification de nous-mêmes, la personnification de notre pensée, l'incarnation de notre rêve, et par conséquent de ce que nous avons en notre être de plus pur, de plus idéal : l'immatériel qui existe en nous, rendu à l'état matériel, pour ainsi dire, par notre puissance de transsubstantiation, devenu palpable, tangible, le reflet de notre âme exprimé de façon à être accessible aux sens. On comprendra de la sorte que si l'on subjugue notre pensée par des considérations matérielles, on paralyse sa force d'action, on détruit notre personnalité, pour lui substituer un genre qui n'est plus nôtre, mais qui est un résumé, une assimilation des goûts du public. L'artiste doit être libre, indépendant; c'est la première condition de son talent, et l'affranchissement de toute entrave extérieure est nécessaire, s'il veut garder toute sa liberté, toute sa grandeur d'essor; sans quoi il ressemble à un oiseau auquel on aurait lié les ailes pour l'empêcher de voler.

« L'art n'a que faire des lisières, des menottes, des bâillons, » écrit Victor Hugo dans sa préface des *Orientales:* et plus loin il déclare hardiment :

« L'espace et le temps sont au poète. Que le poète donc aille
» où il veut, en faisant ce qui lui plaît ; c'est la loi. Qu'il croie en
» Dieu ou aux dieux, à Pluton ou à Satan, à Canidie ou à Morgane,
» ou à rien ; qu'il acquitte le péage du Styx ; qu'il soit du sabbat ;
» qu'il écrive en prose ou en vers ; qu'il sculpte en marbre ou
» coule en bronze ; qu'il prenne pied dans tel siècle ou dans tel cli-
» mat ; qu'il soit du Midi, du Nord, de l'Occident, de l'Orient ;
» qu'il soit antique ou moderne ; que sa muse soit une muse
» ou une fée, qu'elle se drape de la colocasia ou s'ajuste la cotte
» hardie. C'est à merveille. Le poète est libre. »

Et maintenant, exige-t-on des faits? Ils ne manquent pas, certes. En effet, combien n'en voyons-nous pas journellement qui, vrais artistes au début, dégénèrent en *faiseurs* habiles devant la nécessité de travailler pour suffire à leurs frais d'existence? Si je ne craignais de blesser quelques vanités chatouilleuses, ce que j'en pourrais citer parmi ceux d'aujourd'hui !

Sans doute on rend justice à l'écrivain qui a acquis une notoriété ; mais ceci n'est pas même une objection ; car, pour en arriver là, pour atteindre ce degré de réputation, — indispensable, s'il veut vaincre l'indifférence, — il a à lutter contre un public blasé et capricieux, sans aucune qualité de jugement, qui est pourtant l'arbitre, et qui lui imposera ses volontés, aux dépens de l'Art lui-même. Et dès lors que de bassesses, que de prostitutions, d'où son sentiment artistique sortira ébréché, corrompu, s'il ne sombre complètement... Veut-il se relever alors ? Trop tard. La gangrène l'aura déjà condamné, et il ne retrouvera jamais sa vigueur saine des premiers ébats.

Et puis, au lieu de songer à s'entraider, chacun tire à soi la queue du diable. La dissension n'est pas moindre dans le monde littéraire que dans le monde politique (pronostic infaillible d'une crise). Et si le mauvais goût du public et son apathie sont les causes auxquelles il faut attribuer ce désarroi, cette sorte de dégénérescence de la littérature (qui correspond à une dégénérescence sociale) d'autre part, l'*individualisme*, voilà l'ennemi !

Obligé de pourvoir aux besoins de sa vie corporelle, le jeune écrivain néglige sa vie intellectuelle, et la sacrifie à la mode du jour, au désir de plaire, — condition *sine quâ non* de son succès ; — il vend son art ; il vend sa plume ; il prostitue son individualité aux caprices de ce redoutable don Juan qu'on nomme le public et qui veut qu'on l'amuse. La littérature devient pratique et positive, de désintéressée qu'elle devrait être ; au lieu d'un art on en fait un *métier*, un travail de *reporters* ; au lieu de se draper fièrement dans son indépendance et de frapper quand on le croit nécessaire, on flatte. Est-ce donc ainsi que la littérature a été comprise jusqu'ici ? Et ce noble but dont nos ancêtres, les Homère, les Virgile, les Racine, les Lamartine, les Hugo, s'enorgueillissaient, qu'en fait-on ? Si la poésie peut être parfois un chant de louange, un encens au triomphateur, elle doit être souvent une arme contre le vice et la tyrannie ; c'est-à-dire que si l'écrivain a quelquefois le droit de célébrer les belles et grandes actions, il ne doit jamais s'abaisser jusqu'au rôle abject de courtisan. Mais c'est précisément le contraire que nous voyons. L'écrivain devient un mercenaire, et perd de son prestige ; car son adversaire sait rappeler au moment opportun ces mots honteux qui le désarmeront, tel un mépris :

Cela se vend ; cela s'achète.

Ainsi, la Poésie cesse d'être un culte ; l'Art cesse d'être un temple ; il devient un lupanar où les muses trafiquent ignoblement de leurs appas sacrés ; et, terrible, envahisseur, comme une contagion, le mercantilisme remplace l'inspiration initiale, indépendante, — la seule vraie, la seule pure, parce qu'indemne, — dont quelques lévites, très rares d'ailleurs, conservent pieusement l'étincelle précieuse, en dépit d'un siècle prosaïque et vénal où trône, universellement et platement adoré, le fatal dieu : Argent. Non que nous reprochions à l'artiste de tirer profit de son talent pécuniairement. Qu'il revendique ses droits, rien de mieux ! Mais ce que nous ne voudrions pas, ce qui nous répugne, c'est le trafic pur et simple, la ladrerie, les *coups de bourse* littéraires, aboutissant à un encroûtement final, à une sorte d'impuissance, de paralysie de l'originalité. Autrement dit, ceux qui tuent l'Art, ce sont les *virtuoses*, qui le façonnent habilement à la mode, et tuent l'effort même des hommes de génie, en contredisant leur œuvre, en en annihilant l'effet.

Ceci est un fait, un fait déplorable, mais existant, et auquel je ne connais, momentanément du moins, nul remède, parce qu'il dépend de notre époque et en est la conclusion, parce que le mal ira en s'aggravant, tant que nous marcherons dans la même voie, évoluant vers l'Utile avant tout, — l'Utile qui peut s'allier au Beau, mais ne le remplace pas, — et qu'une réaction ne réformera point, ne tranformera point l'idée dirigeante du mouvement social actuel.

Car la vénalité et le positivisme sont la base du système qui régit l'existence à notre époque, et ces deux principes sont inconciliables avec les intentions nobles et les aspirations immatérielles. Ces difficultés qui nous sont faites tiennent donc à une défectuosité de l'ordre social, ou plutôt à une fausse opinion qu'on se crée de l'écrivain. On est trop habitué à ne considérer la littérature que comme un *art d'agrément*, secondaire, par conséquent, et il faudrait bien revenir enfin de tels préjugés. (Et ce que nous disons en parlant de la littérature peut aussi bien s'appliquer aux autres arts, indifféremment). Pas ou peu de Mécènes ! Le gouvernement lui-même ne favorise pas les jeunes artistes : pas de bourses à leur intention ! C'est qu'on semble dédaigner l'écrivain, sous le ridicule prétexte que son existence n'est pas nécessaire à la société. On avouera que si là n'est pas la façon de penser de la plupart des bourgeois, — capitalistes avant tout, — l'écrivain, au lieu du chaud enthousiasme qui l'accueillait jadis, ne rencontre presque partout qu'une décourageante indifférence. Il a perdu son prestige, vieilli avec tant d'autres legs du passé, dont quelques-uns, basés sur les lois mêmes de la nature, avaient cependant leur valeur. La littérature n'est plus considérée que comme un passe-temps de désœuvrés ; le *journalisme* seul, forme dégénérée de la littérature, qui est né précisément de notre époque fiévreuse et tourmentée, survit, et, organe de la foule, continue encore à la passionner ; à part quoi on semble n'avoir plus le temps de s'occuper d'*Art pur*. Le siècle emporte les hommes dans son tourbillon et ne leur laisse pas le loisir de s'arrêter pour jeter un regard en arrière.

Jusqu'où ira cette course aveugle vers l'avenir, où nous entraîne le besoin d'une situation nouvelle ! Je ne sais, mais, en tout cas, je ne crains pas de l'affirmer : voilà le mal, et ce mal me paraît incurable, jusqu'au jour où sera liquidé le bilan de la vieille société qui croule, et opéré le fondement de la société nouvelle.

Et pourtant, même dans le bouleversement de la politique et des institutions, qui peut nier le rôle de l'écrivain, de l'écrivain transformé, façonné aux nécessités de l'heure présente, la littérature, je l'ai expliqué plus haut, subissant toujours l'impression du moment?

En effet, si l'on examine le mouvement littéraire actuel, et l'œuvre de la jeune génération, de la génération montante, on est forcé de reconnaître l'influence de l'écrivain sur les esprits, et l'efficacité de son rôle : rôle de précurseur, sublime, en vérité, qui s'accuse, s'affirme, de jour en jour, avec la civilisation moderne, où il devient de plus en plus nécessaire.

Inutiles, a-t-on dit, les satiriques, les législateurs, les philosophes, les moralistes : les Socrate, les Platon, les Lycurgue, les Solon, les Juvénal, les Rabelais !

Inutiles, les fomentateurs des révolutions, les Voltaire, les Rousseau !

Inutiles, les semeurs d'idées, les faiseurs de dieux, les créateurs de légendes et d'apothéoses, qui ont édifié les histoires comme un monument impérissable ! Sans eux que seraient Alexandre, César, Napoléon, — Rome, Athènes, et l'antique Ilion? N'est-ce point à eux que les temps passés doivent d'avoir perpétué leur gloire, et consacré leur souvenir?

Inutiles, tous ces mages, ces pontifes ! Allons donc ! consultez les annales de l'humanité, et vous reconnaîtrez que pour être un *art d'agrément*, comme vous dites avec une sorte de dédain, la littérature n'en a pas moins une efficacité réelle.

Tout ceci, je l'ai résumé dans un sonnet que je me permets de citer, uniquement parce que je crois la poésie plus éloquente que la prose, et douée d'un autre prestige :

> Généraux altiers qui marchiez à la victoire,
> Rois aux fronts couronnés de diadèmes d'or,
> Qui donc a consacré pour jamais votre gloire,
> Ressuscitant vos noms au delà de la mort ?
>
> Qui donc édifia cette Babel : l'histoire,
> Monument immortel où revit la mémoire
> Des passés ? Le poète, et le poète encor
> Illustra vos amours de son magique effort.
>
> Oui, c'est lui qui tissa vos fronts d'apothéoses,
> De rayons de soleil, et d'azur, et de roses,
> Et vous éternisa, conquérants de jadis !
>
> Dieu lui-même, il peupla de dieux les paradis,
> Et, pour prix de son art, héros, il ne réclame
> Qu'un peu de vos lauriers, et ton baiser, ô femme !

J'ose donc prétendre que l'écrivain est le dispensateur des trônes et le régénérateur des mondes. Rien de plus vrai. Il accomplit cette œuvre magnifique, de concert avec les artistes de différente nature qui marchent à ses côtés, lui tendant la main dans une commune aspiration.

Les littératures fixent les époques : elles, en sont le cliché ineffaçable ! C'est par elles qu'un peuple revit ; c'est par elles qu'on reconstitue un âge, qu'on le ressuscite en quelque sorte à la mémoire ; elles symbolisent l'évolution des esprits et des générations, elles les personnifient. En d'autres termes, l'écrivain est le prophète qui pressent et annonce l'avenir ; l'historien qui juge et enregistre le passé. Il est l'arbitre des célébrités. C'est lui qui a transfiguré le Christ et les grands hommes, en faisant parvenir jusqu'à nous l'écho de leurs gloires, qu'on eût vite oubliées ou dénaturées, dans la confusion des traditions populaires, et les a vêtus d'auréole. Qui voudra me démentir?

Et maintenant plus que jamais, alors que la société indécise hésite entre la voie qu'elle doit prendre et traverse une crise, la plus étonnante peut-être de son existence, c'est à l'écrivain qu'on demande conseil; c'est à lui qu'il appartient de diriger moralement l'essor des peuples vers un état d'amélioration générale où ils tendent irrésistiblement; il devient plus que jamais l'interprète des sentiments qui agitent le monde, il les transmet aux masses, il les propage, préparant ainsi la régénération finale; et l'on conçoit aisément que dans de telles conditions, il doit être l'apôtre qui prêche le bien, et appelle le règne de la liberté, de la fraternité. L'écrivain est plus qu'un artiste : c'est un prêtre qui a charge d'âmes, un prédestiné à qui la Nature a confié une mission, et cette mission, il doit l'accomplir. D'où j'en conclus que la littérature sera l'arme des révolutions futures; et sa victoire sera plus efficace, parce qu'elle sera le résultat d'une persuasion lente, mais sûre, et non le fruit du violentement des esprits et des consciences.

Alfred REMY.

La deuxième partie de cet article paraîtra dans le n° 1 de la **Revue de Province**. Pour cette fois, nous nous contenterons de donner le programme de la **Revue**, et le genre de publication que nous avons définitivement adopté.

✦

PROGRAMME DE « LA REVUE DE PROVINCE »

La **Revue de Province** a pour but : 1° de grouper la pléiade d'écrivains épars aux quatre coins de la France, de résumer toutes ces voix qui, séparées, seraient à peine entendues, en une seule, plus puissante parce qu'elle sera l'ensemble de toutes; en un mot, de former un vaste réseau littéraire, dont les mailles s'étendront d'une extrémité à l'autre de notre vieille terre gauloise, si féconde en grands hommes; 2° de localiser dans ses colonnes le grand mouvement social de notre époque. Sa devise est : *Décentralisation* et *Rénovation*.

Pour soutenir jusqu'au bout un si vaste programme, la **Revue de Province** n'épousera aucune cause littéraire, sociale ou religieuse, de préférence. Elle accueillera, avec la même généreuse hospitalité, toutes les opinions saines et sincères, qui auront pour but le triomphe de la vérité. Dans cette intention, elle laissera aux auteurs l'entière responsabilité de leurs articles, ne voulant être qu'une tribune libre et loyale, où chacun pourra combattre, selon ses idées, sous le drapeau du *Beau*, du *Vrai* et du *Bien*.

La **Revue de Province** soutiendra toujours le *Droit* et la *Justice*. Elle gardera toujours une grande réserve à l'égard des partis, persuadée que la modération et la conciliation des esprits sont les seuls moyens d'une prochaine solution au problème social. Ce n'est point du jour au lendemain qu'on change la face d'un monde ; cette régénération ne peut être que le fruit d'une évolution lente et sagement combinée.

C'est-à-dire que la **Revue de Province** s'adresse à tous, à ceux qui veulent s'instruire, à ceux qui sont accessibles aux sentiments de fraternité et de justice ; tous pourront contribuer, dans la mesure de leurs facultés, à l'œuvre de pacification et de rénovation qu'elle a entreprise.

En aucun cas, le *Beau* ne peut exclure le *Bien*. Et c'est pourquoi la **Revue de Province** ne se départira jamais d'un scrupuleux respect de la morale, désirant former des êtres généreux et purs, sur lesquels comptera l'avenir, et non faire des victimes. Si l'Amour, en tant que facteur de la reproduction, est un des plus puissants agents de la régénération, il est, pour les mêmes raisons, un agent dangereux de la démoralisation ; et la corruption des mœurs n'est peut-être pas une des moindres causes de la dégénérescence à notre époque. En d'autres termes, sans qu'on ait lieu de nous taxer de fausse pudibonderie, la **Revue de Province** écartera impitoyablement les écrivains *pornographiques, décadents* ou *révolutionnaires*.

En outre, comme son titre l'indique, la **Revue de Province** s'efforcera de développer dans les cœurs *l'amour du sol natal*, amour *naturel* qu'il ne faudrait pas confondre avec le *chauvinisme*, amour *politique* celui-là, qui tue le premier, en le faisant servir à des intérêts particuliers. De sorte que tous ceux qui chantent leur clocher, soit en vers, soit en prose, tous ceux qui s'intéressent aux grands problèmes sociaux, tous ceux dont le cœur bat aux nobles aspirations de la littérature et de l'art, trouveront place dans ses colonnes.

Quant au lecteur, il sera, croyons-nous, pleinement satisfait. La **Revue de Province** sera une des mieux faites et la moins chère.

La collaboration des maîtres de la littérature qui lui est assurée, le choix de sa rédaction, la variété et l'importance des matières qu'elle traitera, son *éclectisme* en littérature, son *indépendance* en politique, la rendront vite d'un intérêt général, et la placeront au premier rang parmi les Revues françaises.

La **Revue de Province** paraîtra le 10 et le 25 de chaque mois, très régulièrement et sans interruption, à partir du 10 novembre prochain. Elle donnera chaque fois un texte choisi et varié, comportant les rubriques suivantes : Sociologie, Philosophie, Religion, Histoire, Critique littéraire, Poésies, Contes, Nouvelles, Récits, Romans, Sciences, Beaux-Arts, Description artistique et historique des provinces, Portraits de célébrités contemporaines, Livre d'or des Artiste-

de Paris et de province, Poètes du clocher, Chronique des livres, Revues, Théâtres, Echos, libre Tournoi, etc. *Tous les articles seront inédits.*

La **Revue de Province**, outre les *maîtres* de la littérature moderne, a rangé sous son drapeau *l'élite* des jeunes écrivains. Elle compte à ce jour plus de 200 collaborateurs, dont la liste sera publiée dans un prochain numéro.

La **Revue de Province** aura des *secrétaires de rédaction* ou *correspondants* dans les principales villes de France et de l'étranger. Outre son bureau principal, qui est à Besançon, elle possédera un *bureau de rédaction* à Paris. ainsi qu'un *rédacteur théâtral* spécial pour cette ville.

Chaque fascicule de la **Revue de Province** aura 80 pages du présent format, illustrées de nombreuses gravures; de sorte qu'à la fin de l'année sa collection formera un magnifique recueil de 2,000 pages, le plus curieux, le plus varié, le meilleur marché qui soit, une sorte de Musée de familles, où chacun trouvera son intérêt et son agrément.

Ouvrages de notre directeur Alfred REMY, à paraître prochainement : **La Faillite de la terre**, roman (en cours de publication dans *le Petit Comtois*) ; **Eperdûment**, poésies (sous presse à la *Bibliothèque des Modernes*) ; **la Franche-Comté et ses Poètes ; A brûle-pourpoint**, thèses littéraires, philosophiques et sociales ; **Pages de la Vie**, contes et nouvelles.

Reçu les manuscrits suivants qui passeront au n° 1 : *la Fleur des Ruines*, par Edouard Grenier ; — *A Mademoiselle Jeanne*, par Paul Verlaine ; — *Résurrection*, par Charles Fuster ; — *Enlisement*, par Henry de Braisne ; — *le Drapeau*, par Joseph Manin ; — *Lasciate ogni speranza*, par Charles Poinson ; — *Choses d'amour*, par Ch. de Rouvre ; — *le Boa*, par Georges Bosterhaut ; — *Automne*, par Louis Duplain ; — *Art dramatique*, par André Serph ; — *Livre d'Or*, par Fred. Maryel ; — *Chronique*, par Léonce de Fontaine de Resbecq ; — *Lettre d'Automne*, par Victor de Champvans. — *Violettes Fanées*, par Francis Mériot ; — *Conte*, par Arthur de Fontenais ; — *La Mare ; Icare*, sonnets, par Marius Dillard, et des articles de nos collaborateurs François Coppée, Emile Zola, Jean Richepin, Jean Rameau, Charles Grandmougin, Georges d'Esparbès, etc.

Une jolie couverture a été dessinée par notre collaborateur G. de Bias.

Nous ferons au n° 1 la chronique des livres suivants : *l'Employée*, par Charles de Rouvre ; *Jonchée*, par Edouard Michaud ; *Vérane*, par Adolphe Pianelli ; *Lourdes*, par Emile Zola ; *Propos de Littérature*, par Albert Mockel ; *Recherches historiques sur le canton de Saint-Pierre-Eglise*, par Louis Drouet ; — et de tous les livres qui nous parviendront en *double exemplaire*.

Nous ferons échange avec les directeurs de *Revues* et de *Journaux* aux conditions ordinaires. Signalons cette fois : la *Revue Moderne*, qui fusionne avec la *Revue de l'Est* ; *l'Avenir artistique* ; *Rouen-Artiste* ; *le Semeur* ; *l'Art littéraire* ; *Thélème* ; *Pages d'Art ; la Plume ; le Mercure ; les Gaudes*, etc.

Beaucoup de journaux ont salué l'apparition de la **Revue de Province**. Nous les remercions ici sincèrement de leur amabilité.

Le Gérant : F. Remy.

Besançon, imp. Millot frères et Cⁱᵉ.

No 1   1er Décembre 1894.

LA
REVUE DE PROVINCE
LITTÉRAIRE, ARTISTIQUE, THÉÂTRALE, ILLUSTRÉE

PARAISSANT TOUS LES QUINZE JOURS

Directeur : Alfred REMY

Rédacteur en chef : Pierre PAUL

BUREAUX : 20, Rue Gambetta, 20. — BESANÇON

AVIS

Une indisposition de notre directeur a causé le retard de ce numéro.

En outre, nous avons dû remettre à notre prochain numéro le dessin de couverture de notre collaborateur G. de Bias, ainsi que le portrait de notre compatriote M. Édouard Grenier, dont les clichés n'ont pu être prêts assez tôt.

Nous prévenons nos collaborateurs que nous n'accepterons que des articles d'une certaine importance, c'est-à-dire d'une *certaine haleine*, et que nous publierons le *moins de vers possible;* ceci est dans leur intérêt autant que dans le nôtre. Du reste, nous voulons que la *Revue de Province* ne le cède en rien aux grandes revues parisiennes et se distingue totalement des revues analogues. A bon entendeur salut!

D'autre part, nous prévenons nos abonnés que nous ferons toucher par la poste les abonnements inscrits *payables courant novembre ou après le premier numéro,* du 1er au 5 décembre prochain.

Notre comité de rédaction parisien se réunira le vendredi 7 décembre, de 9 heures à minuit, 64, boulevard de Clichy, par les soins de notre rédacteur en chef, Pierre Paul, de notre très dévoué rédacteur théâtral, André Serph, de notre secrétaire et de quelques-uns de nos amis. Nous prions nos collaborateurs habitant Paris de s'y rendre en plus grand nombre possible.

A Lyon, on pourra se réunir chez M. Charles Missol, directeur de la *Libellule,* 12, rue Gasparin; et à Marseille, chez M. Marius d'Arcourt, directeur de l'*Indépendance du Midi,* 183, rue de Rome.

A la demande d'un grand nombre de lecteurs qui désirent con-server l'article de notre directeur Alfred Remy, et vu son succès retentissant, nous reproduisons ici la première partie de cet article en même temps que nous en donnons la seconde.

EN GUISE DE PRÉFACE

LE ROLE ET LA SITUATION DE L'ÉCRIVAIN DANS LA SOCIÉTÉ

1ʳᵉ PARTIE

De tous temps, à travers l'évolution des âges et des générations, le penseur — l'écrivain particulièrement — a été un objet de vénération unanime, presque de culte, de la part de ceux parmi lesquels il a vécu et agi ; de tous temps, aux époques les plus recu-lées comme chez les peuplades les moins civilisées, on a reconnu la nécessité indéniable de son rôle et on l'a favorisé. Ceci incon-testablement ! Son génie s'est manifesté sous différentes formes, suivant son tempérament et les circonstances qui ont pu influer sur lui ; il a subi toujours l'impression du moment, et d'après elle s'est modelé, la reflétant dans son œuvre ; mais, toutefois, il n'a pas cessé d'être une sorte de prophète, de prêtre-roi, considéré comme tel. Pour preuve, j'ai le témoignage le plus éloquent, le plus irréfutable : celui de l'antiquité tout entière et des temps modernes.

En effet, ouvrons l'histoire. Voici :

Déjà à l'aube des siècles, à l'origine du monde, cela était : des hommes, des génies plutôt, se prétendant inspirés de la divinité et chargés d'une mission surnaturelle (autant de titres qui rehaus-saient leur prestige et les accréditaient dans l'esprit crédule des pri-mitifs), possédant en tout cas l'enthousiasme sans bornes et la Foi, — germes des vocations irrésistibles, — s'en allaient clamer à l'humanité attentive et étonnée leurs hymnes exultant de ly-risme ; et, porte-voix de Celui — nommez-le Dieu, Eternité ou Cause première — qui préside aux événements et les ordonne, dicter les volontés de Jéhovah, leur Seigneur. Identifications humaines de l'Etre Puissant, hallucinés, soit ! hommes fabuleux du moins ! œuvre prodigieuse ! Et leur influence fut telle sur la conviction ardente et spontanée, sur l'exaltation naïve qui caractérisait les Hébreux, à l'instar des races orientales, qu'on les élevait au rang de prophètes, et que, même après leur mort, au milieu des crises qui bouleversaient l'empire juif, on demandait des oracles à leur tombeau. D'aucuns furent sacrés rois : tel David ! Il fut réservé à Moïse de délivrer le *peuple de Dieu* et de lui montrer le chemin de Chanaan, après avoir englouti, dans les vagues obéissantes de la mer Rouge, l'armée des Pharaons. D'autres, élus comme lui chefs d'armée, se transformèrent soudain en conquérants, forts de leur croyance fataliste en leur prédestination, joignant l'acte à la parole, conduisant les nations à l'accomplissement des destins qu'ils avaient annoncés.

Ecoutez :

« Dieu dit à Abraham : Quittez votre pays, votre famille et la
» maison de votre père ; venez dans la terre que je vous mon-
» trerai. Vous serez le père d'un grand peuple... »

Toute la religion judaïque est contenue dans cette prédiction. C'est en quelque sorte le passeport dont se serviront les législateurs d'Israël pour lui imposer leurs volontés. De même Christ devait donner plus tard son injonction solennelle à ses disciples et les envoyer aux quatre coins du monde porter en son nom la parole divine : l'Evangile.

Et quelle sublime poésie éparse dans chaque feuillet de l'Ecriture sainte, poésie pure, aux images éblouissantes, reflet immédiat de l'Idéal !

Epoque prodigieuse, où la Foi — sinon Dieu — faisait des miracles ; âge mystérieux, âge d'or de l'humanité, dont l'incroyable splendeur fait douter, comme d'un conte de fées merveilleux ! Moïse, David, Job, Isaïe, Ezéchiel, poètes grandioses de cet âge, tous hauts de cent coudées ! O les édifiantes figures que ces types légendaires, profilés à chaque page de la Bible, leur œuvre colossale, tous ces apôtres du Rêve et de l'Idéal, évoqués, plus grands

que nature, au seuil des Edens et de la Terre promise, à travers
la loupe de leur imagination emphatique !

Ce furent là les premiers poètes. Leur mission existe. La Nature
a pris soin de répartir les êtres et de leur assigner à chacun un rôle
dans cette vaste harmonie qui se nomme la Création. Voilà
pourquoi j'ai insisté sur ce préambule, pour bien marquer notre
origine, pour bien définir notre but. C'est le *nascuntur poetæ* des
latins, que Victor Hugo a traduit à son tour par ce vers senten-
cieux, tant contesté, si vrai pourtant :

> Le poète s'adosse à l'arche...

Principe éternellement démontré, sur lequel je me baserai pour
établir le rôle de l'écrivain dans la société moderne, où ce vers est
plus de circonstance que jamais ; et j'aurais pu l'inscrire, en épigraphe, en tête de cet article.

Imposteurs ! ricaneront les profanes ; — car aussi bien que les
religions, et pour les mêmes causes, les littératures ont leurs
athées, leurs païens ; — mais toutefois imposteurs sublimes, aux
magiques mensonges ! — Magiques, puisque sur eux se sont greffées des civilisations tout entières, et qu'ils ont ordonné des mondes !

Il y a des poètes, comme il y a des boulangers ou des maçons,
parce que, si nous avons un corps à entretenir, nous avons aussi
une intelligence à nourrir, parce que nous avons en nous une
double vie : la vie matérielle et la vie spirituelle, de même que
nous avons une tête et des bras. Les uns sont nés pour être poètes,
comme les autres pour être boulangers, et Boileau avait raison
quand il disait aux rimeurs sans vocation, « barbouilleurs de
papier » dont nous parle Molière :

> Soyez plutôt maçon, si c'est votre métier.

Car, affirme d'autre part La Bruyère : « C'est un métier de
faire un livre comme de faire une pendule ; » et, aussi bien que
Boileau, aussi bien que Molière, La Bruyère avait raison.

Mais revenons à nos moutons...

L'auréole, dont les siècles ont nimbé le front des patriarches,
ne rejaillit-elle pas, plus glorieuse, sur le plus illustre d'entre leurs

fils, sur le Christ, prince des philosophes, dont l'existence, faite d'abnégation austère et de dévoûment magnanime, — point de départ du socialisme, son plus beau titre au respect de l'avenir, — fut l'origine d'une autre ère, et régénéra l'humanité, qui, le divinisant dans son ravissement, le ressuscita parmi l'apothéose de l'immortalité !

Semblable triomphe se renouvela autour de Mahomet, *Christ des Musulmans*, — *plagiaire* du Christ, entre parenthèses, qui copia celui-ci comme une femme copie une toilette dont elle est jalouse. — Mahomet qui, dans le Coran, cet autre Evangile, *Bible de l'Orient*, se révéla si *roublard* en la science des peuples, si charlatan parfois, décoré par ses coreligionnaires de ce surnom flamboyant : le Prophète.

Esprits vastes comme l'infini, initiateurs des religions !

Sans doute ce prestige diminua avec le temps, au fur et à mesure que la lumière se fit sur les ténèbres où flottait la société naissante, et que la science apparut, provoquant le désenchantement des premières chimères, la science, tueuse d'illusions, qui dissipa la crédulité avec l'ignorance.

Et pourtant, chez les Grecs encore et chez les Romains, l'estime que l'on portait à ces gardiens de l'étincelle divine, à ces Prométhées ravisseurs du feu sacré, symbolisés souvent dans les mythes païens par les allégories les plus flatteuses, était immense. Qu'on se rappelle les fameux *jeux olympiques*, incomplets, si la poésie n'eût mêlé sa voix aux applaudissements, et ne s'en fût faite l'écho pour célébrer le vainqueur; les *Sybilles*, prêtresses fauves de l'avenir; les *Augures*, qu'au Moyen-Age on eût condamnés au feu sous l'inculpation de sorcellerie, et dont les oracles sont si scrupuleusement écoutés par les plus éclairés de la nation; — Athènes épithétisée : la *République des lettres*; à Rome, la cour d'Auguste, Mécènes donnant officiellement asile au doux Virgile, au Cygne de Mantoue, à Horace, l'épicurien, précurseur des philosophies modernes et régent du vieux Parnasse, à Tite-Live, à d'autres. Rappelez-vous César, le *général historien;* Catilina, fulminant par ses discours des traîtres à la patrie, les condamnant de ce seul mot, bref autant qu'impérieux : *Vixerunt,* ils ont vécu, obéi au seul charme de sa parole ; Démosthène commandant la guerre contre Philippe du haut de la tribune ; et combien célèbres au même titre, honorés du même culte par toute l'antiquité païenne, déifiés après leur trépas, — témoin Orphée, que la légende nous montre rendant la matière même attentive à ses chants, et fléchissant, grâce à leur mystérieuse magie, Cerbère, l'impassible gardien des Enfers. Dans un autre ordre d'idées, nous trouvons Aristophane, Juvénal, Plaute, Térence, commentant dans leurs virulentes satires la conduite des rois eux-mêmes, plus hauts donc que ceux-ci, formant comme un aréopage suprême, comme un tribunal des princes, vivantes incarnations de la justice. Sans doute la légende a une grande part dans quelques-uns de ces faits qui nous ont été transmis de génération en génération, sous le voile souvent inviolable des siècles ; mais cela prouve suffisamment à quel degré on estimait alors ces favoris des dieux qu'on nomme « les Poètes. »

Et maintenant, laissez-moi vous évoquer les nomades eux-mêmes, les peuplades barbares, s'entraînant aux combats par les hymnes guerriers que leurs bardes avaient composés, célébrant leurs victoires, et éveillant en eux le désir de nouvelles batailles, de nouveaux trophées ; phénomène latent de nos jours plus que jamais, s'il faut en juger par l'innombrable phalange des poètes chauvins, depuis Déroulède, ce « charlatan du patriotisme, » comme on l'a si bien défini, jusqu'au plus obscur rimeur.

Plus près de nous, à l'enfance des temps modernes, nous retrouvons, quérant de castel en castel une généreuse hospitalité, se faisant ouvrir toutes les portes, payant leur écot de leurs chansons, les *trouvères* et les *troubadours*, enfants de la « gaie science, » aèdes et rapsodes d'un autre âge : celui des fabuleuses chevauchées et des contes de fées, où se plaisait l'imagination naïve et ardente des hommes d'alors.

Puis ce sont les poètes admis dans toutes les cours, dans l'intimité des souverains, au nombre de leurs conseillers, adulés et écoutés dans leurs avis ; c'est Villon, le pendable Villon, pardonné de Louis XI, le roi implacable, grâce à la verve spirituelle et enjôleuse de sa muse ; c'est la reine Marguerite donnant un baiser sur la bouche au poète Alain Chartier endormi dans un corridor du palais — Alain Chartier, l'homme le plus laid de son époque — et répondant aux courtisans surpris ce magnifique propos : « Ce n'est pas l'homme que j'embrasse, mais la bouche » d'où sont sortis tant de mots dorés. » Et il y a deux cents ans à peine, jaillissant au rayonnement protecteur et heureusement influent de ce Roi-Soleil, du grand Louis XIV, — qui, tel autrefois Auguste, a consacré un siècle de son nom, — une floraison radieuse et touffue, — la plus splendide peut-être dont se parent les annales de la littérature, — d'écrivains et de génies de toutes sortes, ne s'est-elle pas épanouie, confirmant ce que nous avons dit plus haut?

Récemment même, ne pourrais-je citer Victor Hugo, ce roi de la poésie, dont tous se souviennent, hier disparu, mêlé à tous les événements de son époque, trônant, universellement glorifié, par la seule puissance et l'étincellement de son génie, Victor Hugo qui fut l'homme de son siècle, comme Napoléon, et fut pour le monde littéraire ce que ce dernier avait été pour le monde politique ; — Lamartine, son contemporain et son émule, qui lui dispute la palme, à qui la France, en proie aux transes de la Révolution, n'hésite pas à confier sa fortune chancelante, son sort presque désespéré, comme à un maître et à l'unique libérateur entrevu.

C'était bien là le *poïètès* (créateur) des Grecs, et le *vates* (inspiré) des Romains.

Et de tels faits abondent dans l'histoire, je l'ai dit. Ceci n'est qu'un résumé où sont relevés les principaux, les plus caractéristiques.

Actuellement, d'ailleurs, à cette heure de scepticisme et d'apathie, n'y a-t-il une foule d'écrivains immiscés aux affaires du gouvernement, en qualité de sénateurs, de députés, de ministres, de représentants du peuple, en un mot? De tels arguments ne semblent-ils pas concluants, et ne sont-ils un démenti formel, signifié à ceux qui, illusionnés par une fausse lueur de progrès, ainsi que des voyageurs déroutés par le leurre du mirage, nient l'utilité du penseur dans la société, dont il est l'*âme*, le *moteur moral?*

*
**

C'est que toujours l'écrivain a eu une influence — heureuse ou néfaste, mais évidente — sur son époque. En effet, dès qu'il a triomphé de l'incrédulité et de la méfiance qui l'entourent, au début, et l'entravent, il apparaît comme un devin, comme un porte-voix de la justice et de la vérité, et on l'écoute, et on l'admire. Une nation sans écrivains, ce serait un corps sans âme. La société est une masse inerte, une machine admirable, mais à l'état d'immobilité ; et besoin est d'un levier pour ébranler cette masse, d'un mécanisme pour mouvoir cette machine. Or, il est un fait que l'idée est la motrice de la matière, puisque sans sa volonté, sans son impulsion, la matière resterait inerte, incapable d'agir par elle-même. Car ce qu'on est convenu d'appeler l'*âme* d'une *locomotive*, par exemple, n'est autre que l'*âme* de l'*artisan* qui la lui a transmise. Donc, l'écrivain qui personnifie l'idée et l'incarne dans son œuvre est le bras merveilleux qui fait marcher le monde. Abstraction, il est la force intelligente, la nécessité. Etre, il est le roi : que le monde le salue ! Axe de la sphère immatérielle, principe du mouvement social qu'il annonce et dirige, il a droit en partie à l'obéissance des foules, parce que, dit Ibsen :

« La populace n'est que la matière première dont doit être
» extrait le vrai public. Jusque-là, la minorité de quelques
» hommes vraiment développés, vraiment nobles d'esprit, aura
» *toujours raison.* »

Fumiste ! vont déclarer sentencieusement quelques béotiens. Non, c'est une déduction des faits que je présente, leur logique. La littérature étant le mobile, un peu de la gloire de l'action doit lui revenir.

*
* *

Aussi je m'étonne sincèrement de la situation qui est faite à l'artiste en général et à l'écrivain en particulier (le seul qui nous occupe ici) par la société moderne, — situation précaire, en réalité. Et je m'en étonne surtout maintenant, en pleine période de République, alors que le régime gouvernemental devrait le favoriser, au contraire, en lui accordant une plus grande liberté de penser et d'écrire. (En effet, malgré son apparente indépendance, rétrécie encore par les dernières lois contre la liberté de la presse, qu'un auteur ose parler, dans une comédie comme Aristophane, dans une satire comme Juvénal, ou mieux, comme Rabelais, qu'il ose parodier la corruption des mœurs et flétrir les exactions, je l'en défie, à moins qu'il ne craigne ni la prison, ni l'exil!) Le plus souvent, les luttes matérielles étouffent en nous les aspirations idéales ; la griffe de la réalité déchire l'aile de la chimère ; et le résultat immédiat de cet état de choses, c'est que l'Art est menacé d'une ruine imminente, envahi par le bourgeoisisme et le mercantilisme le plus repoussants.

Qu'est-ce que l'*Art*, en effet? Mystère pour le spectateur qui se sent fasciné devant une belle œuvre et l'admire, sans savoir le pourquoi de cette sensation de satisfaction éprouvée soudainement ; c'est quelque chose de beau, de grand, de supérieur, qui l'éblouit avec le charme de tout ce qui surpasse la nature ; c'est la communion de son âme avec celle de l'artiste qui a su en faire vibrer les cordes : rien de plus. Mais, pour nous, les créateurs de ces œuvres, c'est l'identification de nous-mêmes, la personnification de notre pensée, l'incarnation de notre rêve, et par conséquent de ce que nous avons en notre être de plus pur, de plus idéal : l'immatériel qui existe en nous, rendu à l'état matériel, pour ainsi dire, par notre puissance de transsubstantiation, devenu palpable, tangible, le reflet de notre âme exprimé de façon à être accessible aux sens. On comprendra de la sorte que si l'on subjugue notre pensée par des considérations matérielles, on paralyse sa force d'action, on détruit notre personnalité, pour lui substituer un genre qui n'est plus nôtre, mais qui est un résumé, une assimilation des goûts du public. L'artiste doit être libre, indépendant ; c'est la première condition de son talent, et l'affranchissement de toute entrave extérieure est nécessaire, s'il veut garder toute sa liberté, toute sa grandeur d'essor ; sans quoi il ressemble à un oiseau auquel on aurait lié les ailes pour l'empêcher de voler.

« L'art n'a que faire des lisières, des menottes, des bâillons, » écrit Victor Hugo dans sa préface des *Orientales:* et plus loin il déclare hardiment :

« L'espace et le temps sont au poète. Que le poète donc aille

» où il veut, en faisant ce qui lui plaît; c'est la loi. Qu'il croie en
» Dieu ou aux dieux, à Pluton ou à Satan, à Canidie ou à Morgane,
» ou à rien; qu'il acquitte le péage du Styx; qu'il soit du sabbat;
» qu'il écrive en prose ou en vers; qu'il sculpte en marbre ou
» coule en bronze; qu'il prenne pied dans tel siècle ou dans tel cli-
» mat; qu'il soit du Midi, du Nord, de l'Occident, de l'Orient;
» qu'il soit antique ou moderne; que sa muse soit une muse
» ou une fée, qu'elle se drape de la colocasia ou s'ajuste la cotte
» hardie. C'est à merveille. Le poète est libre. »

Et maintenant, exige-t-on des faits? Ils ne manquent pas, certes.
En effet, combien n'en voyons-nous pas journellement qui, vrais
artistes au début, dégénèrent en *faiseurs* habiles devant la nécessité de travailler pour suffire à leurs frais d'existence? Si je ne
craignais de blesser quelques vanités chatouilleuses, ce que j'en
pourrais citer parmi ceux d'aujourd'hui!

Sans doute on rend justice à l'écrivain qui a acquis une notoriété; mais ceci n'est pas même une objection; car, pour en arriver là, pour atteindre ce degré de réputation, — indispensable,
s'il veut vaincre l'indifférence, — il a à lutter contre un public
blasé et capricieux, sans aucune qualité de jugement, qui est
pourtant l'arbitre, et qui lui imposera ses volontés, aux dépens de
l'Art lui-même. Et dès lors que de bassesses, que de prostitutions,
d'où son sentiment artistique sortira ébréché, corrompu, s'il ne
sombre complètement... Veut-il se relever alors? Trop tard. La
gangrène l'aura déjà condamné, et il ne retrouvera jamais sa
vigueur saine des premiers ébats.

Et puis, au lieu de songer à s'entraider, chacun tire à soi la
queue du diable. La dissension n'est pas moindre dans le monde
littéraire que dans le monde politique (pronostic infaillible d'une
crise). Et si le mauvais goût du public et son apathie sont les
causes auxquelles il faut attribuer ce désarroi, cette sorte de dégénérescence de la littérature (qui correspond à une dégénérescence
sociale) d'autre part, l'*individualisme*, voilà l'ennemi!

Obligé de pourvoir aux besoins de sa vie corporelle, le jeune
écrivain néglige sa vie intellectuelle, et la sacrifie à la mode du
jour, au désir de plaire, — condition *sine quâ non* de son

succès ; — il vend son art ; il vend sa plume ; il prostitue son individualité aux caprices de ce redoutable don Juan qu'on nomme le public et qui veut qu'on l'amuse. La littérature devient pratique et positive, de désintéressée qu'elle devrait être ; au lieu d'un art on en fait un *métier*, un travail de *reporters* ; au lieu de se draper fièrement dans son indépendance et de frapper quand on le croit nécessaire, on flatte. Est-ce donc ainsi que la littérature a été comprise jusqu'ici ? Et ce noble but dont nos ancêtres, les Homère, les Virgile, les Racine, les Lamartine, les Hugo, s'enorgueillissaient, qu'en fait-on ? Si la poésie peut être parfois un chant de louange, un encens au triomphateur, elle doit être souvent une arme contre le vice et la tyrannie ; c'est-à-dire que si l'écrivain a quelquefois le droit de célébrer les belles et grandes actions, il ne doit jamais s'abaisser jusqu'au rôle abject de courtisan. Mais c'est précisément le contraire que nous voyons. L'écrivain devient un mercenaire, et perd de son prestige ; car son adversaire sait rappeler au moment opportun ces mots honteux qui le désarmeront, tel un mépris :

Cela se vend ; cela s'achète.

Ainsi, la Poésie cesse d'être un culte ; l'Art cesse d'être un temple ; il devient un lupanar où les muses trafiquent ignoblement de leurs appas sacrés ; et, terrible, envahisseur, comme une contagion, le mercantilisme remplace l'inspiration initiale, indépendante, — la seule vraie, la seule pure, parce qu'indemne, — dont quelques lévites, très rares d'ailleurs, conservent pieusement l'étincelle précieuse, en dépit d'un siècle prosaïque et vénal où trône, universellement et platement adoré, le fatal dieu : Argent. Non que nous reprochions à l'artiste de tirer profit de son talent pécuniairement. Qu'il revendique ses droits, rien de mieux ! Mais ce que nous ne voudrions pas, ce qui nous répugne, c'est le trafic pur et simple, la ladrerie, les *coups de bourse* littéraires, aboutissant à un encroûtement final, à une sorte d'impuissance, de paralysie de l'originalité. Autrement dit, ceux qui tuent l'Art, ce sont les *virtuoses*, qui le façonnent habilement à la mode, et tuent l'effort même des hommes de génie, en contredisant leur œuvre, en en annihilant l'effet.

Ceci est un fait, un fait déplorable, mais existant, et auquel je ne connais, momentanément du moins, nul remède, parce qu'il dépend de notre époque et en est la conclusion, parce que le mal ira en s'aggravant, tant que nous marcherons dans la même voie, évoluant vers l'Utile avant tout, — l'Utile qui peut s'allier au Beau, mais ne le remplace pas, — et qu'une réaction ne réformera point, ne transformera point l'idée dirigeante du mouvement social actuel.

Car la vénalité et le positivisme sont la base du système qui régit l'existence à notre époque, et ces deux principes sont inconciliables avec les intentions nobles et les aspirations immatérielles. Ces difficultés qui nous sont faites tiennent donc à une défectuosité de l'ordre social, ou plutôt à une fausse opinion qu'on se crée de l'écrivain. On est trop habitué à ne considérer la littérature que comme un *art d'agrément*, secondaire, par conséquent, et il faudrait bien revenir enfin de tels préjugés. (Et ce que nous disons en parlant de la littérature peut aussi bien s'appliquer aux autres arts, indifféremment). Pas ou peu de Mécènes ! Le gouvernement lui-même ne favorise pas les jeunes artistes : pas de bourses à leur intention ! C'est qu'on semble dédaigner l'écrivain, sous le ridicule prétexte que son existence n'est pas nécessaire à la société. On avouera que si là n'est pas la façon de penser de la plupart des bourgeois, — capitalistes avant tout, — l'écrivain, au lieu du chaud enthousiasme qui l'accueillait jadis, ne rencontre presque partout qu'une décourageante indifférence. Il a perdu son prestige, vieilli avec tant d'autres legs du passé, dont quelques-uns, basés sur les lois mêmes de la nature, avaient cependant leur valeur. La littérature n'est plus considérée que comme un passe-temps de désœuvrés ; le *journalisme* seul, forme dégénérée de la littérature, qui est né précisément de notre époque fiévreuse et tourmentée, survit, et, organe de la foule, continue encore à la passionner ; à part quoi on semble n'avoir plus le temps de s'occuper d'*Art pur*. Le siècle emporte les hommes dans son tourbillon et ne leur laisse pas le loisir de s'arrêter pour jeter un regard en arrière.

Jusqu'où ira cette course aveugle vers l'avenir, où nous entraîne le besoin d'une situation nouvelle! Je ne sais, mais, en tout cas, je ne crains pas de l'affirmer: voilà le mal, et ce mal me paraît incurable, jusqu'au jour où sera liquidé le bilan de la vieille société qui croule, et opéré le fondement de la société nouvelle.

Et pourtant, même dans le bouleversement de la politique et des institutions, qui peut nier le rôle de l'écrivain, de l'écrivain transformé, façonné aux nécessités de l'heure présente, la littérature, je l'ai expliqué plus haut, subissant toujours l'impression du moment?

En effet, si l'on examine le mouvement littéraire actuel, et l'œuvre de la jeune génération, de la génération montante, on est forcé de reconnaître l'influence de l'écrivain sur les esprits, et l'efficacité de son rôle : rôle de précurseur, sublime, en vérité, qui s'accuse, s'affirme, de jour en jour, avec la civilisation moderne, où il devient de plus en plus nécessaire.

Inutiles, a-t-on dit, les satiriques, les législateurs, les philosophes, les moralistes : les Socrate, les Platon, les Lycurgue, les Solon, les Juvénal, les Rabelais!

Inutiles, les fomentateurs des révolutions, les Voltaire, les Rousseau !

Inutiles, les semeurs d'idées, les faiseurs de dieux, les créateurs de légendes et d'apothéoses, qui ont édifié les histoires comme un monument impérissable! Sans eux que seraient Alexandre, César, Napoléon, — Rome, Athènes, et l'antique Ilion? N'est-ce point à eux que les temps passés doivent d'avoir perpétué leur gloire, et consacré leur souvenir?

Inutiles, tous ces mages, ces pontifes! Allons donc ! consultez les annales de l'humanité, et vous reconnaîtrez que pour être un *art d'agrément*, comme vous dites avec une sorte de dédain, la littérature n'en a pas moins une efficacité réelle.

Tout ceci, je l'ai résumé dans un sonnet que je me permets de citer, uniquement parce que je crois la poésie plus éloquente que la prose, et douée d'un autre prestige :

Généraux altiers qui marchiez à la victoire,
Rois aux fronts couronnés de diadèmes d'or,
Qui donc a consacré pour jamais votre gloire,
Ressuscitant vos noms au delà de la mort?

Qui donc édifia cette Babel : l'histoire,
Monument immortel où revit la mémoire
Des passés? Le poète, et le poète encor
Illustra vos amours de son magique effort.

Oui, c'est lui qui tissa vos fronts d'apothéoses,
De rayons de soleil, et d'azur, et de roses,
Et vous éternisa, conquérants de jadis!

Dieu lui-même, il peupla de dieux les paradis,
Et, pour prix de son art, héros, il ne réclame
Qu'un peu de vos lauriers, et ton baiser, ô femme!

J'ose donc prétendre que l'écrivain est le dispensateur des trônes et le régénérateur des mondes. Rien de plus vrai. Il accomplit cette œuvre magnifique, de concert avec les artistes de différente nature qui marchent à ses côtés, lui tendant la main dans une commune aspiration.

Les littératures fixent les époques : elles en sont le cliché ineffaçable ! C'est par elles qu'un peuple revit; c'est par elles qu'on reconstitue un âge, qu'on le ressuscite en quelque sorte à la mémoire; elles symbolisent l'évolution des esprits et des générations, elles les personnifient. En d'autres termes, l'écrivain est le prophète qui pressent et annonce l'avenir; l'historien qui juge et enregistre le passé. Il est l'arbitre des célébrités. C'est lui qui a transfiguré le Christ et les grands hommes, en faisant parvenir jusqu'à nous l'écho de leurs gloires, qu'on eût vite oubliées ou dénaturées, dans la confusion des traditions populaires, et les a vêtus d'auréole. Qui voudra me démentir?

Et maintenant plus que jamais, alors que la société indécise hésite entre la voie qu'elle doit prendre et traverse une crise, la plus étonnante peut-être de son existence, c'est à l'écrivain qu'on demande conseil; c'est à lui qu'il appartient de diriger moralement l'essor des peuples vers un état d'amélioration générale où

ils tendent irrésistiblement; il devient plus que jamais l'interprète des sentiments qui agitent le monde, il les transmet aux
masses, il les propage, préparant ainsi la régénération finale; et
l'on conçoit aisément que dans de telles conditions, il doit être
l'apôtre qui prêche le bien, et appelle le règne de la liberté, de la
fraternité. L'écrivain est plus qu'un artiste : c'est un prêtre qui a
charge d'âmes, un prédestiné à qui la Nature a confié une mission,
et cette mission, il doit l'accomplir. D'où j'en conclus que la littérature sera l'arme des révolutions futures; et sa victoire sera plus
efficace, parce qu'elle sera le résultat d'une persuasion lente,
mais sûre, et non le fruit du violentement des esprits et des consciences.

2ᵉ PARTIE

En conséquence, que sera la littérature de demain? D'après
toutes prévisions, on peut dire qu'elle sera militante par principe,
ou, si l'on veut, puisqu'elle est l'expression fidèle du siècle qui
provoque son éclosion (nous l'avons expliqué), elle sera la logique
des événements ; elle découlera des écoles d'aujourd'hui — le
naturalisme et l'*idéalisme* — les complétant, les soudant, et par
suite doublant leur force d'action : c'est-à-dire que l'écrivain devra
ressembler — moralement — à ces missionnaires, à la fois soldats
et prêtres, qui s'avancent en brandissant le fusil d'une main et de
l'autre le crucifix, assurant leur conquête par la force et pacifiant
ensuite les esprits pour se les concilier et parachever leur œuvre
de domination. La comparaison me semble très juste. Demain sera
croyant, parce qu'hier a été sceptique, parce qu'à une époque
matérialiste succède une époque spiritualiste. On aura la foi dans
une religion nouvelle, qui s'appellera la religion de l'humanité,
autrement dite le *socialisme*. A l'indifférence blasée et au décou-
ragement de la génération qui s'en va, succéderont l'enthousiasme
et l'espérance d'une génération nouvelle, rajeunie au souffle de nouveaux printemps, ayant retrouvé un idéal et des principes. Aujour-

d'hui est le trait d'union qui relie ces deux courants bien distincts : nous traversons une période de transition, pendant laquelle s'opère le fondement de l'avenir sur l'écroulement du passé ; et bientôt nous verrons se lever l'aube resplendissante d'une autre ère.

En effet, dévisageons les choses et jetons un coup d'œil rétrospectif, pour ensuite essayer de lire dans l'insondable avenir.

* * *

Remontons à une trentaine d'années. Nous voyons le *romantisme,* usé par ses excès, décliner rapidement et faire place à une nouvelle école littéraire, qu'on a appelée le *naturalisme.* Les esprits, las de chevaucher dans le rêve, à la poursuite d'un idéal inaccessible, retombent soudain dans la réalité (nouvelle version de la légende d'Icare), et éprouvent le besoin d'un autre idéal, plus en rapport avec nous-mêmes, plus humain. Si l'on ne peut vivre longtemps dans l'oxygène pur, parce qu'il n'est qu'un des éléments de l'air respirable et non cet air lui-même, l'on ne peut vivre non plus indéfiniment dans le domaine de l'idée, où nous ne trouvons que la substance propre à notre vie intellectuelle, moitié incomplète de notre vie réelle.

De ce retour des esprits vers la réalité de l'existence naquirent le *positivisme* en philosophie, et le *réalisme* en littérature. La bête semble reprendre le dessus et terrasser l'ange qui, longtemps, avait eu l'avantage. Du reste, cette lutte alternative de la bête et de l'ange, où l'un et l'autre triomphent tour à tour, a existé de tous temps, et existera toujours, jusqu'à ce que l'homme-esprit se soit affranchi de l'homme-matière (la réciprocité me semblant impossible). Elle dépend de notre propre constitution, de la coexistence en nous de deux instincts presque contradictoires, lorsque leur action est séparée, et dont l'union assure la marche régulière de la vie : celui de l'âme et celui du corps ; et le triomphe de l'un ou l'autre de ces deux instincts peut seul faire cesser cette lutte. Les religions, avec leur monde de symboles, fourmillent d'allusions à ce sujet. C'est la chute d'Adam et d'Eve ; c'est saint Michel terrassant le démon ; c'est la vierge, emblème de pureté, écrasant la tête du serpent, emblème du vice; c'est le baptême; ce sont les nombreux holocaustes, les libations, les ablutions des diverses religions païennes. Et qui nierait cette dualité d'instincts se nierait lui-même, puisqu'en elle consiste tout l'homme. D'ailleurs, pour l'instant, jusqu'au jour d'une solution, peut-être encore lointaine, le mieux est, je crois, de tenir la balance égale, parce que de l'égalité résulte l'équilibre, et que l'on dit de quelqu'un qu'il est bien équilibré, lorsque sa vie morale et sa vie physique s'harmonisent en une juste proportion dans l'intérêt général de l'individu.

Donc le *naturalisme*, plus rationnel, venait de se substituer au *romantisme* illogique et faux. Le *romantisme* découlait de la Révolution, qui avait refondu la société, en quelque sorte, et ouvert des horizons nouveaux. Epris des grands principes de 1789, on s'était précipité avidement à la poursuite d'irréalisables chimères. Ce fut le temps des grandes utopies; je n'en veux pour preuve que cette gigantesque et impossible conception du phalanstère, dont on s'étonne qu'elle ait germé dans le cerveau d'un homme sensé, pondéré par conséquent. La réalité prit des proportions énormes sous la loupe de l'imagination, cette « folle du logis » qui entrave souvent l'œuvre de la raison par ses exagérations désordonnées, et devint du rêve. On s'égara dans d'inextricables ténèbres, pour avoir voulu s'élever trop haut vers la lumière, et nos pauvres ailes de cire furent vite fondues au rayonnement de ce soleil surhumain : l'Idéal. C'est-à-dire que si le *terre-à-terre* avait failli tuer la poésie, peu s'en fallut que le contraire, l'*idéalisme*, poussé à un degré superlatif, ne la tuât de nouveau, en vertu de la loi des extrêmes. Quiconque veut ne pas sortir des bornes attribuées à la possibilité humaine, ne doit pas oublier que si l'homme a la tête dans l'espace, il est rivé à la terre par ses pieds; et n'est-ce point le cas de rappeler le vers du grand poète :

« L'homme est un ange déchu qui se souvient des cieux... »

Ni ange, ni bête, mais un bizarre amalgame de l'un et de l'autre; en un mot, l'homme réalise le type parfait de l'*hermaphrodisme*. Toutefois, ajoutons que le romantisme a ceci de bon qu'il provoqua une réaction, et eut l'heureux résultat de ramener les esprits vers le culte du Beau, du Vrai et du Bien, que des Philistins avaient proclamé mort à tout jamais.

Mais bientôt on reconnut la vanité de ces théories fausses et éphémères, l'utopisme de cette façon d'agir, aveugle et irréfléchie. On comprit qu'avant de songer à fonder une société nouvelle, il fallait au préalable écouler le bilan de la vieille société, et opérer les réformes urgentes. Partout encore, malgré les nombreuses améliorations déjà accomplies, grouillaient la misère et le vice. Il y avait des malheureux plus que jamais; l'injustice criante trouvait toujours des courtisans; la corruption des mœurs n'avait jamais été plus grande, et l'ulcère social s'étalait, béant, appelant l'attention des penseurs, menaçant de gangrener ce qui restait intact, et exigeant un prompt remède.

C'est alors que des écrivains, consciencieux et amis de la vérité, voulurent mettre fin à ce pitoyable état de choses et remontèrent aux sources du mal. Sans crainte de se salir, sans fausse honte, ils descendirent dans les tréfonds de la société, dans les carrefours et dans les bouges, dans les taudis; ils se rendirent compte *de visu*, et s'écrièrent : Là il y a un vice à châtier, là une misère à soulager, là encore une réforme à essayer. Pour la première fois, on osa mettre en scène cette lie, cet amas de souteneurs et de prostituées d'une part, et de l'autre d'ouvriers et d'enfants malheureux, de mères martyres. On remua cette fange dont le relent nauséabond provoqua un écœurement, puis on l'exposa au rayonnement de ce soleil qui est la Bonté.

Les délicats et les hypocrites, habitués aux idylles bleues et aux romans à l'eau de rose d'une littérature aristocratique, clamèrent au scandale et à la pornographie. On s'indigna; on prétendit que, sous prétexte de porter remède à la plaie de l'humanité, de tels écrivains attentaient à la morale publique; on les traduisit devant les tribunaux comme de vulgaires criminels. Mais bientôt la foule comprit qu'ils avaient raison, ces romanciers et ces philosophes, parce que, pour mettre un terme au vice et à l'injustice, il faut les avoir vus et les connaître, et on leur sut gré d'avoir montré du doigt ce cloaque immonde, cette boue repoussante, où grouillait la majeure partie de la société : ce peuple dont jusqu'alors on avait insulté la détresse, pauvre Jacques Bonhomme, condamné à l'infériorité, qui venait de subir un esclavage odieux de quelques siècles. A leur voix, la misère secoua son carcan ; l'opprimé se révolta, ne voulant plus forger lui-même ses fers. On apprit enfin à la plèbe qu'elle était la plus forte, que si elle avait des maîtres, c'était de son bon vouloir ; et l'on proclama bien haut le droit du travail et de l'intelligence sur celui de la naissance et de l'argent.

Ces écrivains furent nommés les *naturalistes*. Ils eurent à subir bien des vexations de la part de la jalousie. Après les rivalités de partis, survinrent les mesquines rivalités d'écoles. Ils avaient arboré la théorie de *l'art pour l'art*. On leur objecta que tout n'est pas à louer dans la nature ; qu'il fallait passer sur ses bassesses, pour ne faire ressortir que ses beautés ; que montrer le vice était de mauvais exemple. A quoi Victor Hugo répondit : « Le laid, c'est encore le beau, c'est la limite du beau. » Car Victor Hugo n'est déjà plus un *romantique*, contrairement à l'opinion universelle. Sans doute il l'est par le *genre*, dans toute l'acception du terme (la chose est indiscutable) ; mais il ne l'est déjà plus par l'idée. Les vrais romantiques, ce sont Chateaubriand et Lamartine. Lui serait plutôt le précurseur du *naturalisme*. Il fut le premier qui osa rompre avec les préjugés, et désigner les choses par leur nom ; et, qu'elles s'intitulent les *Misérables* ou l'*Assommoir*, l'œuvre de Victor Hugo et celle des *naturalistes* procèdent de la même inspiration, l'inspiration populaire, et concourent au même but, l'émancipation de la classe pauvre : la Liberté et l'Egalité. Il ne doit plus y avoir ni pauvres ni riches, mais simplement des hommes. Le jour où cette parole fut prononcée, la société changea de voie. Je ne veux pas en conclure au partage des biens et à la parfaite égalité des conditions, qui m'ont toujours paru de ridicules utopies. Il doit y avoir des bornes à toutes choses, pour l'égalité comme pour le reste. L'infini seul n'a pas de bornes. D'ailleurs, pour en arriver là, il ne suffirait pas de changer le mode de gouvernement ; il faudrait changer l'homme. Or, l'humanité n'est pas une machine que l'on puisse gouverner à volonté, et ce n'est pas du jour au lendemain que l'on métamorphose la face d'un monde. L'éternité n'est peut-être pas de trop pour cela.

Du *naturalisme* jaillit immédiatement le *socialisme*, corollaire indispensable d'une littérature qui soutenait les revendications, trop souvent légitimes, du peuple, et concluait au règne de l'égalité des classes par le travail. Car le *naturalisme* est un acheminement direct au *socialisme*. Il n'est rien qui n'ait son but. Tout est coordonné dans la marche des choses, afin de favoriser l'évolution de l'Humanité vers sa fin : l'Idéal, dont le Progrès n'est qu'une étape ; la littérature est également soumise à ce Cosmos qui préside aux destinées du monde. Et, de même que le *voltairianisme* a provoqué la Révolution, le *naturalisme* prépare l'avènement de la paix et de la justice universelles. L'esprit d'un siècle est *frondeur* ou *pacifique,* suivant les circonstances. Au xviiie siècle, l'esprit frondeur dominait, parce qu'une transformation s'imposait. Aujourd'hui que cette transformation est accomplie, partiellement du moins, il ne reste plus qu'à l'asseoir, et c'est l'esprit pacifique qui nous caractérise en général. Deux mots d'histoire maintenant :

Avant 1789, la foule, le tiers-état, comme on l'appelait, se trouvait encore dans un état d'ignorance trop grande pour revendiquer ses droits. Besoin était d'une lumière plus intense pour éclairer cette couche extrême, et montrer à ceux qui la composaient la voie où marcher. Ce fut la bourgeoisie qui profita de la situation et établit son autocratie. Mais insensiblement le tiers-état a reconnu que, tout en étant déjà préférable à celui de la noblesse, le gouvernement de la bourgeoisie ne réalisait pas l'idéal entrevu. C'est-à-dire que la Révolution avait sonné le glas du *Capital,* quel qu'il soit ; et que, forcément, en raison de la loi même des phénomènes qui régissent la marche du monde et le renouvellement de ses assises, comme la bourgeoisie a étouffé la noblesse, le tiers-état étouffera la bourgeoisie. Alors, c'était le peuple qui s'insurgeait contre le joug devenu odieux des seigneurs : aujourd'hui, c'est le tour de la populace qui, lasse de croupir dans l'ombre, veut, elle aussi, sa part au soleil. *Sol lucet omnibus.* Sous peu, l'on verra toute cette masse de laideur et de misère, transfigurée et éclairée au contact de la science, cette universelle lumière, ainsi que la nature au souffle du printemps, se débarrasser de ses haillons, laver sa crasse, et s'asseoir enfin au banquet du bonheur qui, jusque-là, semblait réservé à quelques privilégiés. D'aucuns vont rire, et se demander quel gouvernement on peut tirer de cette plèbe, ignorante et grossière, qui couve en son sein le germe de toutes les bassesses et de tous les vices. A quoi je répondrai par le proverbe banal, mais combien vrai : L'habit ne fait pas le moine. Qu'un ouvrier prenne place à côté d'un rentier, quoi de plus juste? C'est un homme, après tout, et il a encore sur l'autre la supériorité que donne le travail.

« Qu'importe! Qu'est-ce que cela me fait qu'ils aillent pieds
» nus! dit encore Victor Hugo. Ils ne savent pas lire, tant pis!
» Les abandonnerez-vous pour cela? Leur ferez-vous de leur
» détresse une malédiction? La lumière ne peut-elle pénétrer ces
» masses? Revenons à ce cri : Lumière! et obstinons-nous-y!
» Lumière! lumière! — Qui sait si ces opacités ne deviendront
» pas transparentes? Les révolutions ne sont-elles pas des transfi-
» gurations?... Cette foule peut être sublimée. Sachons nous servir
» de ce vaste embrasement des principes et des vertus qui pétille,
» éclate et frissonne à certaines heures. Ces pieds nus, ces bras
» nus, ces haillons, ces ignorances, ces abjections, ces ténèbres,
» peuvent être employés à la conquête de l'idéal. Regardez à tra-
» vers le peuple et vous apercevrez la vérité. Ce vil sable que
» vous foulez aux pieds, qu'on le jette dans la fournaise, qu'il y
» fonde et qu'il y bouillonne, il deviendra cristal splendide, et c'est
» grâce à lui que Galilée et Newton découvrirent les astres. »

Quoi de plus respectable que la blouse d'un travailleur hon-
nête? Le cœur qui bat sous cette serge non écatie vaut-il moins que celui qui bat sous le luxueux veston d'un gentlemen? Ouvrier au langage grossier, aux mœurs primitives, aux mains calleuses, tu peux enfin dresser le front devant les riches, qui sont tes frères en somme; tu as d'avance la sympathie de tous les êtres géné-reux et équitables; et tu as, pour défendre ta cause, toute une génération de jeunes écrivains, vaillants et enthousiastes, qui seront, il ne faudrait pas l'oublier, les maîtres de la littérature nouvelle. L'avenir est aux jeunes; les ignorés d'aujourd'hui seront

les célèbres de demain. Et si quelque routinier d'un autre âge veut aller contre notre œuvre, nous le confondrons, en lui répètant simplement cette vérité fatale :

Place ! vous êtes le passé ; nous sommes l'avenir.

* *

Si j'ai insisté plus particulièrement sur le caractère du *naturalisme*, c'est qu'à mon gré son avènement était nécessaire, et que son œuvre fut bonne, contrairement à ce que beaucoup ont prétendu. Une littérature qui eut une influence néfaste, ce serait plutôt celle qui produisit le roman *psychologique*, parce qu'insensiblement, en développant l'amour de l'analyse et des dissécations intimes, elle a beaucoup contribué à propager le sot culte du *moi*, tant à la mode depuis quelque temps. Le proverbe : « Charité bien ordonnée commence par soi-même, » semble être la devise du jour. Or, l'*égoïsme*, voilà le plus grand mal de l'humanité, et ce mal ne me semble pas près de guérir. C'est le chancre rongeur qu'il faut extirper, et, du moins, les *naturalistes* ont-ils essayé de le faire, en attirant nos regards sur le malheur qui accable certains de nos semblables.

D'autre part, j'ai tenu à démentir l'opinion commune qui nous montre Zola comme un écrivain pornographique et amateur des succès de scandale. Non, Zola ne méritait pas cette accusation de coprolalie (maladie des blasphèmes et des ordures) qu'a portée contre lui Max Nardau, dans son ouvrage : *Dégénérescence*. Et je possède à présent la preuve de ceci dans une autre œuvre du même romancier. Je veux parler de *Lourdes*, qui est une grande leçon pour les détracteurs du maître. Il nous a convaincus que celui qui avait écrit les brutalités de la *Terre*, de l'*Assommoir* et de la *Débâcle*, était aussi capable d'écrire les adorables pages de ce livre, tout parfumé d'une poésie suave et d'une émotion douce et naïve, qui s'intitule *Lourdes*. Zola est un grand poète. On l'a dit souvent, et jamais on ne l'a mieux défini qu'en le qualifiant de ce nom. Mais Zola est plus qu'un poète, plus qu'un écrivain ordinaire ; c'est un peu un précurseur, un apôtre presque, ami de la Vérité et de la Justice, qui a à son service un génie colossal, auprès duquel pâlit le mièvre talent des roquets aboyeurs, qui font rage autour de lui. Zola nous a dévoilé les laideurs et les gangrènes ; il a mis à nu les cloaques et les immondices dont jusque-là on avait détourné les yeux avec soin. Il tient quelquefois du prêtre et toujours du médecin. De toute son œuvre se dégage une profonde bonté, l'amour des petits et des humbles, une pitié intense pour tout ce qui peine, pour tout ce qui souffre. C'était le porte-flambeau qu'il fallait pour faire pénétrer la lumière, dont nous parle Victor Hugo, dans les couches inférieures de la société ; et, comme tel, je l'admire, parce qu'il a préparé l'œuvre humanitaire, glorieuse entre toutes, qu'il nous est réservé, à nous, les jeunes, d'accomplir.

Toutefois, le *naturalisme* devait avoir son temps. On était écœuré de cette littérature de ruelles et de bouges, où les mots orduriers s'allient aux détails repoussants pour produire l'effet voulu. Zola n'avait pas hésité à mettre en scène des faits abominables, et nécessairement un peu de l'horreur que de tels faits inspirent aux âmes sensibles et délicates, devait rejaillir sur l'œuvre qui les peignait. Ce spectacle des misères et des vices dont est affligée l'humanité avait provoqué une révolte des consciences ; mais c'était précisément le but qu'il se proposait : attirer l'attention sur la plaie sociale, pour qu'on en reconnaisse la laideur et qu'on cherche à la guérir.

Ici une parenthèse. On s'étonnera peut-être que, parlant du *naturalisme*, je ne cite que le nom de Zola. C'est, qu'à mon avis, Zola incarne, à lui seul, tout le *naturalisme*. Les autres écrivains de cette école, quelque talentueux que soient certains d'entre eux, ne sont guère que des disciples, suivant les leçons de ce maître, des satellites, gravitant autour de cet astre.

*
* *

Donc le *naturalisme* avait montré la plaie ; mais la plaie n'en existait pas moins. Une réaction s'imposait ; réaction vers le remède, qui, dans la circonstance, était l'*idéalisme*. Écœuré par le vomissement impur de la matière, les esprits cherchèrent naturellement un refuge dans l'*idéalisme*, qui incarne l'immatériel, autrement dit le règne de l'âme sur celui du corps. De sorte que l'*idéalisme* a produit l'effet d'un baume, d'un calmant, qui a endormi un instant la plaie et atténué sa crudité.

D'après ce qui précède, on comprendra aisément que je m'efforce de ne pas séparer le mouvement social du mouvement littéraire, dont il dépend, dont il est la conclusion, la résultante autant que l'engendrement, et que j'essaie de les suivre, de les étudier parallèlement.

Eh bien ! l'*idéalisme* devait passer très rapidement, comme le *naturalisme*, et pour les mêmes causes. Antipodes l'un de l'autre, ces deux courants eurent le même sort. Le *naturalisme* péchait par excès de matérialité. L'*idéalisme* devait sombrer à son tour, parce que trop exclusivement intellectuel. On a souvent même qualifié l'*idéalisme* contemporain d'*intellectualisme*. Le grand tort des adeptes de cette école fut de vouloir se séparer absolument du monde réel, et créer un monde à part, celui de l'Idée. En dehors de la réalité, rien n'est possible. Et puis le courant primitif dégénéra en plusieurs courants, qui, littérairement parlant, s'appelèrent le *mysticisme* et le *symbolisme*. Le défaut des *mysticistes* et des *symbolistes* fut de se confiner uniquement dans le domaine de l'*Art* et de s'y obstiner.

Il ne faudrait pas oublier, je le répète, que l'homme est soumis à l'action d'un double instinct, et que quiconque veut s'écarter de la voie tracée par la nature, s'égare. L'homme vit d'idées, c'est vrai, cette nourriture est nécessaire à sa vie *morale*; mais il vit surtout d'aliments substantiels pour entretenir sa vie *physique* qui régit toute sa *vitalité*.

Du reste, il y a eu d'autres causes au prompt discrédit de la nouvelle école. Quelques-uns, sous prétexte de faire de l'*Art pur*, se perdirent en de vaines complications verbales qui faillirent tuer l'Art en général, devenu inaccessible au public. Évidemment, le rythme en poésie, la période dans la prose, constituent un des éléments de la littérature; mais la littérature ne se compose pas que de mots; elle a besoin de cette substance qui est l'idée. En d'autres termes, le *rythme* et la *période* incarneraient la *plastique* du vers ou de la phrase, la *forme*, tandis que l'idée en est l'*âme*, le *fond*. Or, que penser d'un corps sans âme? Une statue peut réunir toutes les beautés; elle sera toujours inférieure à la nature, parce qu'il lui manque la *vie*.

Sans doute, au point de vue artistique, la littérature d'un Verlaine fut une tentative louable. Elle nous délivra du *prosaïsme* et de la *banalité* de l'ancienne littérature. Mais, ici comme ailleurs, les disciples causèrent le mal, en exagérant les défauts du maître. Une nouvelle voie s'ouvrait. On s'y lança aveuglément et on fit fausse route. Verlaine n'avait été qu'audacieux; ses disciples furent téméraires, et devinrent *décadents, incohérents* et *déliquescents*. Leur seul mérite est l'indépendance dont ils ne se sont jamais départis, et qui est une des premières conditions pour l'artiste qui veut rester *soi* et garder son originalité. Mais ils ont commis une faute irréparable : celle de vouloir séparer le mouvement littéraire du mouvement social. Ils ont formé une caste à part dans la société, et ils se sont adressés à quelques-uns, aux initiés, au lieu de s'adresser aux foules, s'écartant ainsi de leur rôle. Car l'écrivain doit consacrer le talent qu'il a reçu de la nature à enseigner, à évangéliser la masse encore ignorante. Indifférents à l'évolution de leur siècle et passés inaperçus, ils ressemblent à des membres inutiles et superflus, que l'on peut séparer du tronc sans nuire au reste du corps. Et qu'ils aient nom Mallarmé, Moréas ou Ghil, je les englobe tous dans un même dédain, et j'affirme sans crainte que le plus obscur semeur de blé a plus fait pour l'humanité qu'eux, les prétendus semeurs d'idées.

Dans une période pacifique, on s'expliquerait peut-être ces hommes, dont quelques-uns ont été des génies; mais à une époque de revirement, de rénovation, comme la nôtre, on leur pardonne difficilement de rester étrangers à la lutte grandiose qui passionne le monde entier, de s'engourdir dans une fatale indifférence, infatués qu'ils sont de leur *moi*, et de consacrer ou de perdre plutôt, à de frivoles tentatives d'art, un talent qui serait utile ailleurs. Il faut être de son temps, et je comprends mal la vaine gloriole qu'ils mettent à demeurer hors du siècle où nous vivons.

Dans un autre article, je me propose de revenir sur cette branche de la littérature contemporaine dont j'ai maintes fois démontré la vanité. Et puisque je dois émettre avant tout une opinion *littéraire*, j'avouerai franchement qu'après avoir beaucoup étudié et aimé les écoles d'aujourd'hui, j'éprouve le besoin d'une école nouvelle qui soit plus en rapport avec nos tendances et nos principes.

Comme le *naturalisme*, l'*idéalisme* — traduisez par *mysticisme, symbolisme*, etc., — a vécu, alors qu'il compte à peine vingt années d'existence. Et il ne pouvait en être autrement, je viens d'expliquer pourquoi. « On voit bien aussi quelques obstinés qui se cramponnent à cela. *Rari nantes*. Nous les plaignons ! » Que quelques-uns essayent de reparaître à la surface, ils ne sont pas à redouter. Il y a beau temps que le sort en a fait justice.

*
* *

Et maintenant, à l'œuvre ! Nous avons étudié parallèlement les trois branches principales de la littérature moderne, en faisant ressortir leurs défauts et leurs avantages. A nous maintenant de créer une nouvelle branche qui soit exempte des mêmes défauts et réunisse les mêmes avantages. Ce qu'il nous faut, à nous, les hommes de demain, c'est une littérature vraie qui nous personnifie, qui soit le reflet exact de la vie. Depuis longtemps déjà le germe de cette littérature existe ; il est dans l'œuvre de tous ceux qui, jusqu'ici, ont eu soif de vérité et ressenti la nécessité d'un idéal nouveau.

L'écrivain doit être un apôtre, avons-nous dit. Or, il n'a qu'à marcher : le champ n'a jamais été plus vaste. La plaie de la société n'est point guérie : qu'il avise au remède !

Je disais dans le programme de cette revue que la corruption des mœurs n'est pas une des moindres causes auxquelles il faut attribuer le désagrégement des sociétés. En effet, si l'amour, en tant que facteur de la reproduction, est un des plus puissants agents de la régénération, il est, pour les mêmes raisons, un agent dangereux de la démoralisation. Nous sommes à deux pas de cet abîme qu'on nomme : la décadence ! Sachons l'éviter !

Combattons les abus et les injustices ! Prêchons le culte du beau, du vrai et du bien. Faisons abstraction désormais de toutes rivalités d'écoles ou de partis. L'intérêt personnel doit s'effacer devant le devoir. Autrefois, quand la patrie était en danger, on oubliait tout : haines, intérêts, préférences, pour voler à son secours; aujourd'hui, la société chancelante demande notre appui : combattons pour elle, dans une même communion d'idées.

Travaillons à l'œuvre de démolition et de reconstruction qui nous échoit ! Sapons les fondements de la vieille société, et édifions sur ces débris !

L'écrivain a cette supériorité sur l'homme politique qu'il peut garder son indépendance et parler au nom de la vérité, en dépit des préjugés et des opinions extérieures à la sienne, tandis que l'homme politique semble devoir être affilié à un parti, à un principe, sans quoi on l'accuse d'indécision et de faiblesse, ou bien on le qualifie ironiquement d'homme à double face, de Janus ! Que l'écrivain profite donc de cet avantage, et, loin de se prostituer aux désirs du public, accomplisse sa mission sans peur et sans reproche, selon que sa conscience le lui commande !

Du reste, nous avons bien de qui nous inspirer. Les Cladel, les Malon sont morts depuis trop peu d'années pour qu'on n'ait pas gardé leur souvenir ! Hommes généreux, cœurs à l'épreuve de la vénalité et de la corruption, qui ont succombé à la tâche, mais non sans avoir semé les germes d'une littérature nouvelle, que nous appellerions le *réalisme*, si le mot n'avait été employé jusqu'ici à tort et à travers ! Pleins de cette noble fièvre d'agir qui tourmente la jeunesse actuelle, lasse de l'inaction stérile et funeste où l'avait plongée le raffinement maladif d'une époque névrosée et perverse, marchons sur les traces de ces devanciers, et parachevons l'œuvre commencée par eux. Que du moins leurs efforts n'aient pas été vains, et que les grands principes dont il nous ont donné l'exemple évoluent en nous, jusqu'au triomphe définitif de la cause commune.

Soyons désormais des apôtres, des soldats, pionniers infatigables de la civilisation nouvelle. Faisons de la littérature ce qu'elle doit être en réalité : le plus puissant levier de la régénération de l'humanité, le plus efficace remède à l'ulcère social, et le plus sûr garant du bonheur des peuples. Que si la littérature d'hier a été un acheminement au socialisme, la littérature de demain, par son caractère réformateur, en réalise la solution.

Alfred REMY.

NOTRE NUMÉRO DE NOEL

Désireux de faire à nos lecteurs une agréable surprise, nous publierons, à l'occasion de Noël, un superbe *numéro double* de 160 pages, orné de nombreuses gravures, et d'un texte varié et choisi. Nous y donnerons une très copieuse étude de notre directeur Alfred Remy sur l'*Année littéraire 1894*; une autre sur l'*évolution dramatique* pendant la même année; le *portrait* de *M. Edouard Grenier* par Frédéric Bataille; un curieux article de Pierre Paul sur les *Cabarets artistiques* de Paris et de province, avec le *portrait* et des *chansons inédites* des principaux chansonniers, ainsi que de nombreuses gravures; une *étude orientale*, illustrée de plusieurs dessins de Charles Weisser; une série de *Croquis* sur *Noël*, également illustrés; plusieurs articles dus aux *maîtres* de la littérature, de sorte que ce numéro sera, en même temps qu'un résumé très complet de l'*année littéraire, artistique et théâtrale 1894*, un recueil des plus originaux, des mieux faits et des plus joliment illustrés qu'on puisse donner comme cadeau de Noël.

Nos collaborateurs sont priés de nous réserver à cette occasion leur *meilleure copie*.

Les personnes non abonnées à la *Revue de Province* peuvent souscrire d'ores et déjà à ce magnifique numéro, au prix de 1 fr. 50. Afin de nous laisser plus de temps pour organiser ce fascicule, nous ne paraîtrons pas le 15 décembre, ce à quoi nul ne peut trouver à redire, puisque nous donnerons le 30 un numéro double (160 pages).

Nota. — Les auteurs qui auraient publié des livres, plaquettes ou brochures — romans, poésies, contes et nouvelles, critiques, sociologie, théâtres, etc., — sont priés de les adresser sans retard à M. Alfred Remy, afin qu'il puisse en parler dans son article sur l'*Année littéraire,* qui paraîtra ensuite en librairie.

Pour le numéro de Noël, il ne sera fait *aucun service gratuit*, excepté pour la *presse* et les *sommités littéraires*.

AVIS. — Nous prions les personnes qui ne désirent point prendre d'abonnements, de nous retourner le présent numéro. Dans le cas contraire, nous les considérerions comme abonnées, et nous opérerions le recouvrement par la poste de la somme de 6 fr. 50 (montant d'un abonnement de six mois).

A MADEMOISELLE JEANNE

Pour M. Léon Vanier.

Parfois, dans ce local plein de livres, deux hommes
Se gourment presque, bien que bons garçons au fond :
C'est votre père et moi dont les paroles vont
De l'offre à la demande, en quels écarts de sommes !

Je n'ai pas l'air commode, il est mal disposé,
C'est terrible. Soudain, au fort de la querelle,
Gentille et fine à la croire surnaturelle,
Une fée apparaît, cheveux noirs, teint rosé.

Elle s'enquête, elle tremble, comme inquiète
Trop sérieusement de ce bruit de tempête
Que vont menant ce monsieur chauve et son papa,

Tout soudain souriants, — et voilà la paix faite
Entre, en un mutuel et franc mea culpa,
Votre père, éditeur, et moi, votre poète.

Paul VERLAINE.

ENLIZEMENT

Pour suivre les conseils de ses parents, — de distingués artistes, convaincus de la supériorité morale que donne aux jeunes gens une éducation sans régulateur — Georges Landy, dès ses vingt ans, avait pris la résolution de parcourir seul l'Andalousie ; très maître de sa palette, en dépit de son âge, il souhaitait trouver à Séville le sujet excitant à l'œuvre, de laquelle naîtra d'un coup la célébrité.

Aussi, le lendemain du salut d'usage à la toute carminée Giralda et à l'Alcazar si flamboyant, fut-il heureux vraiment de se rendre à la légendaire cigarerie, afin d'y choisir le modèle rêvé. Il se sentait d'humeur insoucieuse : ce matin même, sa visite à la *Casa de Lilato* l'avait ravi, et la rose qui, dans le jardin, lui fut offerte, se piqua en sa boutonnière fort joyeusement.

****

Quand il arriva dans la cour de la manufacture, cette gaieté un instant s'altéra ; devant l'énorme bâtiment, où quatre mille femmes sont casernées, une légère sensation de tristesse l'envahit ; les murs trop élevés, les grilles trop massives, l'architecture trop sévère le surprenaient étrangement : et il ne pouvait croire que là vivaient ces créatures jolies, que la veille il avait remarquées par les rues, se dandinant en jupes de mousseline, sous le châle couleur de safran, leur chevelure lourde ornée de la fleur printanière. Les escaliers étaient bien des escaliers de caserne : larges, nus, très froids ; et déjà l'odeur du tabac le prenait aux narines, âcre, forte, pénétrante. Dans les immenses ateliers, — d'invraisemblables chambrées aux voûtes grises, dont les murs sont tachés de violet, de jaune, de rouge, de blanc, de noir par les vêtements appendus — une odeur d'autre espèce se mêlait aux parfums du Havane et du musc ; des centaines d'ouvrières, la gorge et les bras nus, vieilles, jeunes, des matrones et des fillettes, des vierges de Murillo, des entremetteuses de Goya, y confectionnaient cigarettes et cigares sous l'œil de surveillantes peu sévères. Que de caquetages, de sourires aux dents éclatantes, de confidences, de caresses enfantines, de regards langoureux tour à tour et violents, de ces inexprimables regards d'Andalouses ! Plus rien de triste ne choquait Georges. De belles filles, deux à deux, les plus indolentes sans doute, vaguaient par les allées, le pied menu, flexibles, vives, rondelettes, pourtant gracieuses, se tenant câlinement par la taille, glissant, ondulant avec de candides airs de tête.

Un silence se fit au moment où Georges entra ; les fronts se levèrent, le jeune homme devint le point de mire de tous ces yeux fureteurs. Il n'avait pas marché vingt pas que vingt phrases louangeuses lui avaient été adressées. A l'extrémité de la deuxième avenue, une cigarière plus audacieuse osa lui demander la rose qui saignait à sa boutonnière : il eut un geste de refus ; mais, avisant près de là une toute mignonne travailleuse, aux traits adorablement doux, à la prunelle large et voilée, dont le doigt armé de l'ongle de métal se dressait songeur, il lui tendit galamment la fleur fraîche.

« Manuela, prends donc cette rose, dit la surveillante. »

Le visage empourpré, les paupières baissées, Manuela balbutia un remerciement. Une rumeur courut dans la chambrée, des chuchotements s'échangèrent ; Georges interrogea la surveillante. Comme il serait heureux d'avoir cette enfant pour modèle ! Elle demeurait non loin de la cathédrale, sous le toit d'une branlante maison à mirador délabré ; il fut entendu qu'à la sortie de l'atelier on parlementerait avec la mère.

La discussion fut longue, car la mère ne consentit pas à envoyer Manuela seule à *l'Hôtel de Paris* ; pour ses dix pesetas, elle exigea que le peintre vînt travailler chez elle, faisant à ce sujet une expressive observation.

« Et vous savez, senor, je vous la confie uniquement jusqu'à la ceinture.

— Oh ! moi, répliqua une des voisines qui assistaient à l'entretien, pour ce prix-là, je lui confierais bien le buste, la ceinture et le reste. »

Au silence de Georges, Manuela pensa que le jeune homme n'avait pas compris.

*
* *

Le soir, Georges Landy, extrêmement désireux d'observer les coins pittoresques de la cité, se rendit avec un compatriote rencontré à l'hôtel, au *Flamenco* de la rue *Compana*, salon-cantante des plus en renom. Il ne trouva pas exagéré l'éloge qu'on lui en avait esquissé. Cette enfilade de salles basses et pauvres, blanchies à la chaux, cette suite d'échelles de meuniers noires de fumée, cette estrade où les portraits en chromo des matadors célèbres : Erreria, Frascuelo, Mazzantini, sont l'objet d'une générale admiration ; la scène, où, dans l'attente de leur tour de romance, des filles à peignes énormes font tapisserie en remuant de l'éventail, grignotant des olives, tandis que, debout et les doigts cliqueteurs, la *cantatora* se tortille sur ses hanches au son de la guitare, et glapit ses sauvages *peterenas* ; tous ces exotiques et si frustes décors le charmèrent.

Il était assis, en une espèce de loggia faite de vieux bois, à une table, sous laquelle, pour se rendre à leurs stalles, tournoyaient les spectateurs, muletiers, bourgeois de tout âge, ouvriers, touristes étrangers. Après avoir frappé dans ses mains pour appeler le garçon, et après s'être égayé de l'accompagnement bizarre battu par les grignoteuses d'olives de la galerie, et de leurs *olé ! olé !* criés soudain à pleine poitrine, il répondit par un signe d'acquiescement aux chaudes œillades que, tout au long de son furieux poème d'amour, lui décochait la chanteuse féline. C'était une Malaguène à l'œil dur, de gestes brusques, mûre déjà, mais toute en nerfs, et qui, satisfaite d'avoir capté l'attention d'un auditeur désiré, s'efforçait d'assurer son succès par l'exagération de ses coups de reins et de son jeu lascif. Le public sembla goûter ce surcroît de réalisme, car il s'associa sans réserve aux applaudissements par lesquels Georges et son compagnon accueillirent la dernière mesure. Et à la suspension de la séance, personne ne fut étonné de voir cette victorieuse ovationnée prendre place entre les deux Français. La chanteuse rayonnait, et certainement elle eût réussi à se faire promettre mieux qu'une tasse de café, si n'était entrée, inquiète et craintive, la mignonne Manuela.

L'enfant n'avait pas oublié le désir que le matin Georges Landy avait devant elle manifesté de passer au flamenco sa soirée et, redoutant qu'un changement de projet ne s'arrêtât en l'esprit du jeune peintre, cédant peut-être à l'émoi d'un subit entraînement de cœur, elle avait décidé qu'elle se viendrait placer entre son futur maître et les œillades excessives des peu scrupuleuses cantatoras. Georges, aussitôt, l'ayant priée de s'asseoir en face de lui, remarqua la féroce expression de jalousie qui se grava sur le visage de la ballerine ; en toute sincérité, il fut charmé de cette remarque, dont Manuela, bien au contraire, s'effraya au plus haut point.

On avait repris les peterenas.

« Conception n'est plus en joie, observa familièrement le garçon, en apportant un verre.

— C'est que, sans doute, répondit Georges, la senorita voudrait bien ne pas retourner sur la scène.

— Moi, certes oui, prononça Conception ; car je ne chanterai plus de ce soir ! »

Et sans remercier, sans saluer, elle se leva, descendit de la loggia, traversa le couloir et alla se mêler à un groupe de toreros, nouvellement entré et qui menait grand tapage au fond de la salle. Une évidente agitation commençait à gagner aussi les autres spectateurs ; grisés par ces gestes ardents, par ces paroles au poivre rouge, par l'emballement progressif et peu coutumier des chanteuses, les têtes se montaient, les cerveaux s'échauffaient.

« Ne sortez pas encore, dit à Georges Manuela, les hommes se concertent là-haut.

— Penses-tu, par exemple, qu'ils en aient à nous ? Ah ! recevoir un coup de navaja pour une Andalouse, l'aventure serait couleur locale, au moins.

— Il ne faut pas rire des navajas, déclara sentencieusement la petite cigarière. »

Peu après, sortait le groupe des toreros ; le public suivit, avec la débandade, le bruit, les appels ordinaires d'une fin de soirée au salon-cantante. Manuela, Georges et son compagnon se trouvèrent vite au milieu de la foule. Dans le dernier couloir, une bagarre se produisit. Fortuite ? Comment l'affirmer, puisque de menaçants propos s'échangèrent presque soudain ? Georges, ignorant du danger, curieux de bravoure, se montra hardi ; il donna du poing et du pied, se colleta, lutta et s'aperçut trop tard que, pour lui, Manuela recevait à l'épaule le coup prévu.

Enfin dégagé, il voulait poursuivre ses agresseurs.

« Oh ! la mignonne, s'écria-t-il. Elle m'a sauvé ! »

Manuela, qui pâlissait, murmura :

« *Con toda la fuerza de mi corazon.* »

* *
*

Après dix ans, Georges Landy n'a pu encore se détacher de sa première maîtresse... Lorsque, dans la rue Bonaparte, à Paris, vous rencontrerez à son bras Manuela si vieillie, vous vous expliquerez malaisément par quel charme le talent du jeune peintre s'est enlizé.

HENRY DE BRAISNE.

LA FLEUR DES RUINES

Fleur des ruines, fleur sans nom
Que sous mes pas j'ai rencontrée
Sur les dalles du Parthénon,
Fleur des ruines, fleur sacrée !

D'où viens-tu ? Quel oiseau du ciel,
Quelle brise à l'aile féconde,
Quelle abeille en quête de miel
T'a semée ainsi, loin du monde ?

Fidèle amante des débris,
Qui dans cette froide altitude,
Sous ces marbres épars, fleuris
Pour embaumer la solitude,

O fleur ! S'il te faut comme ici
Un désert pour prendre racines,
Viens sur mon cœur ! Il t'offre aussi
La solitude et des ruines

Athènes, février 1894.

EDOUARD GRENIER.

3

M. BEYLE

M. Beyle est un enfant de Lyon, où son père est fabricant d'horlogerie.
Il a fait à Lyon et à Paris de sérieuses études aux conservatoires. Il a débuté

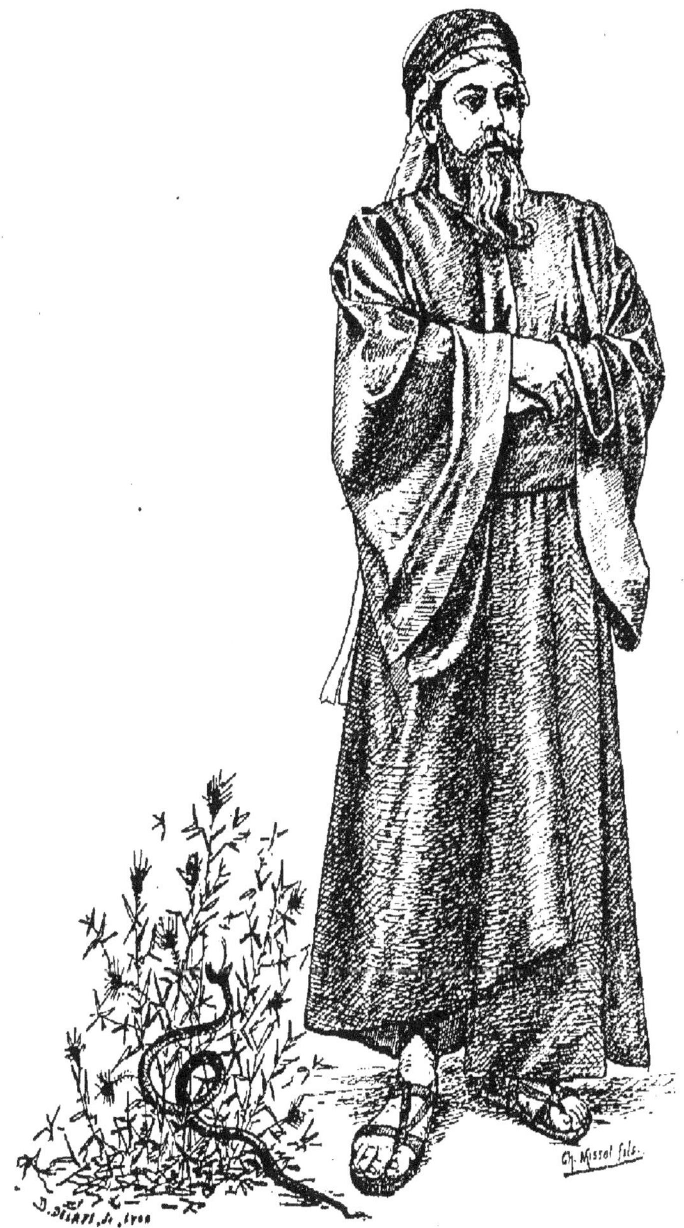

à Lyon, et y est resté quelques années; puis, engagé à l'Opéra, il y joue plusieurs rôles avec succès.

Tout à coup, ces jours-ci, on le voit débuter à la Monnaie, où on l'a chaleureusement accueilli. Le dessin le représente précisément dans son rôle de
grand-prêtre qu'il remplit à la perfection dans *Samson et Dalila*. A ses pieds
est figuré l'emblème de la trahison et de la perfidie.

Charles MISSOL.

L'AMANT DES AGONIES[1]

*Pour Gabriel Moret, en infime témoignage
d'inaltérable amitié, ceci :*

L'homme, sombre, me dit :

« Voilà, Monsieur... Je l'aimai de la seconde où mon regard plongea en ses
indéfinissables prunelles d'agonisante. Bizarres, oh! bizarres, ces yeux... Bizarres,
songez! non point bleus ou assombris, ni gris, ni glauques, mais ainsi qu'un
tesson que le caprice d'une vague roula des siècles peut-être, incolores, teintés,
cependant... Oh! je ne sais pas... je ne puis plus dire... Aux déclins de soleil, par
les grèves embrumées, elle semblait une réalisation, soudaine, d'évocation fantastique, à cause de sa fluidité falotante en des vêtements longs et lâches.

Une fois que je rôdais à l'entour de sa villa, elle chanta. Ce fut une ballade
du Nord, si douce, si mélancolique, d'abord, puis éplorée, ensuite tragique...
O l'intraduisible, l'innommable acuité de sa plainte prolongée, défaillante, se
mourant dans un déchirant sanglot d'être brisé, qui conta sa souffrance!

Sacha, elle s'appelait Sacha, je l'aimais, et elle était bonne et miséricordieuse, puisqu'elle m'aima.

Les froids s'en vinrent, très vite, cette année-là.

On lui avait conseillé : « Allez aux pays de soleil, et cette petite toux qui vous
inquiète disparaîtra bientôt », et elle avait obéi, indifférente, et la petite toux
avait augmenté sans qu'elle y prît garde... Or, une nuit, qu'au loin, la mer,
poussée par une formidable haleine de tempête, escaladait les falaises, elle me
dit : « Ah! je suis lasse de constamment voyager, d'aller sans cesse ailleurs...
Bientôt, je mourrai, alors, à quoi bon... Ce doit être triste, affreusement triste,
de mourir, dites-moi?... Ah! j'ai peur, bien peur; mais, puisque je ne peux pas
me guérir, nous resterons ici, tous deux, seuls, voulez-vous?... Nous nous aimerons beaucoup... Il faudra beaucoup m'aimer, tant m'aimer que je regrette
moins de mourir, puisque je serai morte, de cela, plus vite... » Une quinte la

---

(1) Fragment — détaché et mis spécialement en nouvelle pour la *Revue de Province* — d'un roman contemporain en préparation : *La Maison sans fenêtres.*

secoua, endeuillant la tiède intimité de la chambre close, et, cette nuit-là, pour la première fois, quand nos bouches se joignirent, j'eus du sang sur mes lèvres, parce qu'elle en avait aux siennes.

L'automne se passa, puis l'hiver... Toujours elle toussait plus fort et, à ses lèvres, ce n'étaient déjà plus des gouttelettes de sang qui s'en venaient, après nos enlacements, mais de minces filets qui, des commissures, cascadant sur la gorge, coulaient, coulaient, s'allaient perdre, des fois, lointainement, parmi les mystérieuses blondeurs de son ventre. Alors, elle râlait longuement, d'une plainte continue, infiniment douce; d'entre ses paupières closes, de petites larmes tièdes — que je buvais — stillaient, glissaient jusqu'à la pointe amollie de ses si longs cils, et son corps, son pauvre corps tout frêle et menu, tendu, affreusement convulsé, raidi et frigide, restait insensible, sans nul tressaillement, ni frisson, ni ride même, malgré les secrètes caresses impérieuses dont je fouillais sa pauvre chair de morte chère.

Bien des minutes avant la dernière, la fatale, je vécus ainsi d'alliciantes voluptés à la croire agonisante enfin, à me persuader, par moments, que, de nos deux êtres confondus, l'un n'était plus qu'un cadavre... Puis, la crise terminée, l'inapaisable folie nous ressaisissait, nous rejetait, à nouveau, en le satanique recommencement des grandioses orgies et des saturnales impies; car, pressentant l'heure suprême plus proche à chaque crépuscule tombant, elle exigeait savoir tout... (A Séville — étant très jeune, on me fit visiter l'Espagne — je vis une très ancienne chambre de torture datant de l'Inquisition. Aux murs, sur le sol, sur de longues tables massives : des pinces, des tenailles, des maillets, des coins, des tiges courbes ou émoussées ou acérées, contournées, tout le génie d'une race et d'un siècle réuni là, étalé cyniquement... En ce temps-là, on martyrisait la chair pour lui arracher le blasphème qui envoyait à l'auto-da-fé; aujourd'hui, civilisés, dédaignant Dieu, avec de délicates et savantes réductions mathématiques de ces formidables instruments, on la martyrise, intimement, en vue du spasme horrifiant...) Elle sut.

Ah! voyez-vous! après ces choses, la certitude des éternels châtiments s'impose... En l'au-delà, l'impunité cesse d'être, et il doit falloir expier le surhumain bonheur, si bref, qu'on dut, sur terre, aux impossibles aberrations. Mais qu'importe et que peut-on, d'ailleurs, quand la matière, plus forte, asservit l'âme trop faible... A moins que ce ne soit l'âme perverse qui asservisse la matière complaisante.

. .

Or, un soir, elle me dit : « Adieu, m'ami », et ses lèvres se scellèrent et ses yeux restèrent fixes, si grands, si troubles... Et, bientôt, la morte chère pleura de ce que mes yeux pleuraient dans ses yeux... Un homme, tout noir, s'en vint. Il semblait très bon. Je lui dis : « Elle est morte, Monsieur, » et il dit : « Dieu pardonne à celles qui aimèrent; que Dieu soit avec elle. » Je mis ce mauvais prêtre à la porte, de ce qu'il n'avait pas su deviner que nous avions fait plus que

de nous aimer. Et un autre homme, tout noir, s'en vint encore et je lui dis :
« Elle est morte, Monsieur. » Et il partit en disant : « Oui, je sais, ce sera pour
après-demain. »

Voilà, Monsieur, c'était fini. Je rejetai, loin d'elle, les couvertures, et les den-
telles mousseuses, et les batistes diaphanes lacérées, écartées ; mes yeux la revi-
rent nue, — ah ! nue, mon Dieu, et elle était morte, — et mes lèvres mordirent
ses lèvres, et mes dents crissèrent contre ses dents, mais elle était morte.
Voilà... J'ai beaucoup souffert, je souffre beaucoup... C'est très ancien, cependant...

Je lui demandai : « Oh ! je comprends, Monsieur, car, depuis ce jour maudit,
alors que, sur votre chemin, des femmes se trouvèrent qui avaient d'indéfinissables prunelles d'agonisante, des yeux bizarres, ni bleus, ni assombris, ni
gris, ni glauques, mais bien plutôt semblables à un tesson que le caprice d'une
vague roula des siècles peut-être, et des corps fluides, falotants en la lâcheté
des étoffes longues, parfois secoués d'une quinte qui amena un peu de sang à
leurs lèvres, sans doute, en revivant, par le souvenir, l'agonie lente de Sacha, la
si bonne qui vous aima, vous êtes-vous sauvé loin, loin, dans l'atroce angoisse
du remords des morts lentes à revivre ?

Et l'homme, sombre, me répondit :
« C'est le contraire, Monsieur. »

René CHAMPDEUIL.

RÉSURRECTION

Si je me penche vers leurs ombres
Et frémis à leur chaude voix,
C'est que je trouve, en vos yeux sombres,
Mon regard brûlant d'autrefois.

Oui, je trouve en vous, tout entière,
Ma souffrance du temps flétri,
L'argile douloureuse et fière
Dont tout mon être fut pétri.

Je vous dois un bonheur suprême
Que jamais je n'aurais rêvé,
Car vous êtes mon cœur lui-même,
Perdu longtemps, et retrouvé.

Charles FUSTER.

LE DRAPEAU

A MON JEUNE FILS HENRI

« Sur le rempart démantelé,
« A quoi penses-tu, sentinelle ?... »

Fᴀɴçᴏɪs Cᴏᴘᴘᴇ́ᴇ.

Ils étaient beaux, les fils de la vaillante Gaule,
    Lorsque l'orage du canon
Les moissonnait, portant le fusil sur l'épaule,
Ou quand, les yeux fixés sur le drapeau qui vole,
Au cri de la retraite, en chœur ils disaient : Non !

Ils allaient, furieux comme le flot qui monte,
    Nombreux comme les blonds épis,
S'opposer aux Germains dont l'opprobre et la honte
Souillèrent le vieux Rhin. — Jeunesse brave et prompte,
Se nourrissant de gloire et vivant de pain bis.

Mais, hélas ! ils sont morts ! — Là-bas, vers la frontière,
    Leurs ossements gisent épars !
Ils n'ont même pas eu de place au cimetière,
Ces héros ignorés !... La poudre meurtrière
A déchiré, noirci, brûlé leurs étendards !

Sur les tertres déserts, parmi les hautes herbes,
    Dans les ravins, dans les fossés,
Où la mort a couché tous ces martyrs superbes,
Le soleil a fait croître en ondoyantes gerbes
Un linceul tricolore à ces grands trépassés !

De ces preux généreux, ce qui nous reste rampe,
    Vénérables tronçons humains !
Les haillons des drapeaux sont roulés sur la hampe,
Attendant que la haine au fond des cœurs se trempe,
Et que la revanche arme encor toutes les mains.

A ces vaincus d'hier mourant pour la patrie,
        Honneur, respect et souvenir !
Aux nobles amputés de la France meurtrie,
Les débris glorieux de l'enseigne chérie :
Fiers, ils les transmettront aux héros à venir !

A ceux qui n'ont point vu les aurores sanglantes,
        Et qui grandissent dans la paix,
A ceux qui n'ont point vu les batailles fumantes,
O France ! fais briller tes trois couleurs flottantes,
Pour que sous ton égide ils marchent désormais.

Et si, dans le repos d'une nuit calme et lente,
        Soudain le bronze des combats
Arrache à son sommeil cette jeunesse ardente,
En sonnant aux échos sa diane effrayante,
Comme un signal d'alarme ou même comme un glas ;

Alors, nous vous verrons, soldats, dans la nuit noire
        Marchant en bataillons serrés !...
Le drapeau dans ses plis portera la victoire...
Et si la mort vous frappe, au livre de Mémoire
Vos noms en lettres d'or resteront consacrés !

Aimez-le, ce drapeau de la France immortelle !
        Gardez-lui l'amour vrai du cœur !
Conservez-le toujours pur, intact et fidèle,
Noble comme la France, et sublime comme elle :
Il a pour nom la *Gloire* et pour prénom l'*Honneur*.

J^h MANIN.

LETTRE D'AUTOMNE

Pour le « jeune et sympathique Directeur »
(paix à Koning) de la *Revue de Province*.

Vous me demandez une nouvelle inédite, cher ami, voire même
quelques lignes, pour le nouveau-né littéraire que votre paternité féconde
a mis au monde. J'en suis flatté, honoré même, croyez-le bien ; mais j'ai

furieusement envie de vous répondre sur le ton désolé qu'il convient et qui est propre à certains de ces lourds Mécènes, lesquels, à les entendre, et à ouïr surtout leurs biographes attitrés, sont la complaisance, l'affabilité, le désintéressement même. Voici le cliché convenu : « Je suis désolé, mais je n'ai rien, absolument rien, mon cher confrère; mes cartons sont vides et prenez dans mes œuvres celle qui vous conviendra le mieux. » Suit l'adresse de l'éditeur avec le prix des volumes. C'est très malin, comme vous voyez ; cela veut dire : achetez-moi, reproduisez-moi, quitte à vous débrouiller avec les gens de lettres.

Ah ! mon ami, quel rude, quel ingrat métier que celui de directeur de revue ! et que de tracas, de tourments vous vous créez, peut-être sans y penser !

Laissons cela, voulez-vous, et laissez-moi souhaiter la bienvenue à cette jeune *Revue de Province* où tant de jeunes talents et de bonne volonté vont se donner libre cours. Comme me l'écrivait dernièrement Xavier de Ricard, l'œuvre de décentralisation que nous tentons aura ses fruits et ses résultats dans la libre expansion des forces vives, des forces saines, éparses aux quatre coins de notre belle France ; et je suis heureux, moi, de voir que notre chère Comté s'enrichit tous les jours de cœurs vaillants, de cerveaux solides, d'intelligences éclairées, d'hommes nouveaux, aux conceptions hardies, au cœur fier, à l'âme forte. Toute cette génération d'esthètes : littérateurs, peintres, musiciens, sculpteurs qui, autrefois, s'acheminaient triomphalement vers Paris, vont nous revenir : ils nous reviennent déjà et sont bien aises — j'en sais quelque chose — de trouver chez nous l'accueil sincère, l'accueil cordial et fraternel que nous leur réservons et qui leur échoit — les pauvres — souvent meurtris, toujours désillusionnés. Et en cette fin de saison, en la mélancolie des choses mortes, des choses finies, dans le décor triste et rêveur des feuilles tombantes, sous bois, dans l'éclaircie d'un pâle soleil, où les longs bras dépouillés des bouleaux, des hêtres et des chênes arquent leurs faisceaux dénudés, dans le paysage dépeuplé de nos campagnes franc-comtoises où, seules, les bandes d'oiseaux hiverneurs pointent leurs taches sombres dans le bleu maladif de ce ciel automnal, j'aperçois une jeune pousse, des bourgeons naissants, promettant une belle floraison, et je salue sympathiquement la *Revue de Province* qui s'éveille.

Victor DE CHAMPVANS.

AVIS. Afin de compléter son programme, la **Revue de Province** s'est adjoint une **Bibliothèque** dans laquelle seront éditées les œuvres de ses collaborateurs. (Voir couverture, page 3).

LE BOA

Elle était accoudée sur la cheminée, le regard perdu dans la contemplation vague d'un rêve, l'air si candide et si calme qu'il en fut suffoqué. Sa première pensée avait été d'inspecter d'un coup d'œil rapide sa toilette, dans l'espoir d'y trouver un indice certain, une preuve flagrante qu'il eût pu lui jeter à la face avec l'intense expression de son dégoût et de sa haine. Mais non ! pas un bouton qui ne fût à sa boutonnière, pas un pli de robe, pas une négligence qui la trahît et la livrât.

Alors c'était donc faux, cette lettre anonyme qu'un domestique chassé, sans doute, lui avait adressée, troublant la quiétude sereine de ses jours et le bonheur radieux de son amour fait de joies surhumaines et de douceurs infinies. Fausse ! cette lettre dont chaque syllabe lui avait donné la sensation aiguë d'un coup de poignard. Il allait se traîner à ses genoux, lui demander humblement pardon d'avoir, fût-ce un seul instant, douté de sa vertu ; lui crier ses angoisses épouvantables et ses doutes plus douloureux cent fois que la plus cruelle et la plus implacable des certitudes. Il allait lui dire sa joie immense de la retrouver pure et intacte ; lui avouer son idée effroyable de la tuer, de lui briser les membres à coups de talon, comme on fait d'un reptile, si cela eût été vrai.

Elle allait vaincre encore une fois : déjà le triomphe suprême irradiait sa prunelle, lorsque Joseph, son domestique à « LUI », sa chose, celui que par un secret pressentiment elle sentait acharné à sa perte, parut, un sourire narquois et vainqueur aux lèvres.

Elle allait se redresser, reprendre son rang et son autorité, montrer impérieusement du doigt la porte au laquais ; mais il s'avança tranquillement et jeta à ses pieds, avec un air d'insolent défi, un paquet qu'elle reconnut avec épouvante :

« Voici le boa que madame, par une fatale distraction, a oublié ce matin même chez M. Gontran d'Espérac et que sa bonne, une *belle amie* à moi, rapporte à l'instant. »

Et sa voix, en prononçant cette phrase apprise par cœur et mûrement méditée, avait l'éclat d'un chant de victoire.

Mais « LUI », le bafoué et le trahi, avait bondi comme cabré sous la douleur cuisante d'un coup de fouet, et fou, les yeux hagards, injectés de sang, avec des râles crispés et des sanglots dans la gorge, il s'était précipité, les mains avides, vers le guéridon où, parmi l'amoncellement d'objets de toutes sortes entassés pêle-mêle, luisait, incrusté d'or, le manche d'un poignard.

La femme, pâle horriblement, les forces centuplées par la terreur, s'était jetée en avant, les bras tordus et suppliants.

Il la contempla un instant, eut un haussement d'épaules plein de dégoût et de pitié pour l'être méprisable qui avait sali son nom, détruit sa croyance naïve au bonheur; et il prit d'un mouvement saccadé l'arme meurtrière.

Tandis que sur le plancher elle se tordait, en proie à des convulsions terribles, qu'elle lui criait son ignominie et sa lâcheté, lui demandait grâce, lui promettait d'être sa chose, son esclave obéissant à ses plus futiles désirs, il eut un sourire tristement douloureux, un sourire qui lui dit combien il la trouvait trop vile et trop abjecte pour qu'il l'écrasât; et, froidement, avec une lenteur calculée, il se frappa au cœur.

Lorsqu'elle fut bien certaine qu'il n'était plus qu'un cadavre, elle se releva et d'un geste félin et gracieux rattacha ses cheveux épars sur ses épaules de statue; toisa Joseph des pieds à la tête et, montrant le corps inerte, lui cria d'une voix qui partait du cœur :

« Merci ! »

Georges BOSTERHAUT.

LASCIATE OGNI SPERANZA

Écrit en un jour d'atroces souffrances
pour ce très cher et très dévoué Henri
Jouneau.

La vie est un banal poème
Fait surtout de chagrins, de deuils,
Où la fade espérance même
Est le seul prix de nos orgueils.
Tout n'est que douleurs et chimères,
Tout est faux ! L'homme est un vaincu !
Depuis les douleurs de nos mères
Jusqu'à la tombe, tout est nu !
La vie est un tourment immense,
Un sanglot zébrant l'infini,
C'est par des pleurs qu'elle commence,
Par des larmes qu'elle finit.

L'homme a grandi dans un blasphème,
Son enfance ne fut qu'ennui.
Il a vingt ans, trente ans, il aime :
Gai rayon de soleil qui luit !
Hélas ! le rayon n'est qu'un rêve
Qu'en vain la main cherche à saisir,
Et, bulle de savon qui crève,
Le roman n'a su que finir.
Après l'aveu, c'est la clémence !
Après la clémence, l'oubli !
C'est par des pleurs qu'amour commence,
Par des larmes qu'amour finit.

L'enfant pleure devant son livre,
Il veut jouer... Il faut savoir,
Être philosophe pour vivre,
Mentir avec un mot : *devoir.*
Homme enfin, pendant la tourmente,
Du Christ il répète ce cri
Clamé dans un jour d'épouvante :
Bienheureux les pauvres d'esprit !
Penser, c'est vivre de démence,
Vivre en brute est un sort béni,
Par des pleurs Sagesse commence,
Par des larmes elle finit.

J.-Ch. POIRSON.

ALDÉBARAN

A M. Mestreau ; souvenir et
respectueux hommage.

Les cousins — les *zanzare*, comme les appelait l'aubergiste de Clavières (Piémont) — m'avaient posé, toute la nuit, leurs banderilles aiguës ; c'est dire qu'au jour indécis, bien avant que la brise matinale eût soufflé les petites veilleuses du ciel, je martelais d'un bon pas la route blanche qui descend à Césanne, point de jonction de la Dora et de la Ripa (Doire ripaire). Dans l'air, pur et glacé, le sol résonnait joyeux, comme en hiver sous le choc des sabots. Une gelée très fine poudrait, de çi de là, le plateau verdoyant encore. Sur la droite, au fond d'un abîme, la Ripa, torrentueuse, maigre et colère, se cabrait, écumante, dans son lit défait.

Je feuilletais curieusement l'encombrante liasse de billets d'*una lira*, deux et cinq *lires* reçus en échange d'un louis d'or, quand j'aperçus, devant moi, trois hommes bourrant leur pipe et devisant, arrêtés. Nous liâmes connaissance. Mes compagnons étaient Français et se rendaient à Turin, pour leur plaisir, pédestrement, en gais apôtres aimant la vie plantureuse et les franches lippées dans les villages, au petit bonheur de la route. Ils avaient les poches garnies; la veille, à Briançon, bien que la foire eût présenté peu d'entrain, — les bêtes, disaient-ils en leur pittoresque langage, étaient *à donation* — ils avaient vendu rapidement un long et bruyant cortège de mulets amenés par eux du Poitou. Chaque automne les conduisait ainsi dans les Alpes, vers le début d'octobre, leurs dignes confrères aux longues oreilles, au museau gris, étant d'un placement facile auprès des maquignons italiens.

Pendant que ces choses m'étaient contées, le soleil avait paru, dorant la cime du Chaberton (3.138 mètres), irisant les mares des combes, buvant les émeraudes, les rubis des herbes, versant partout sa lumière délicate, douce et fraîche du matin. Une envie folle nous prit d'escalader une petite montagne tronquée portant à son sommet, comme des cheveux taillés en brosse, une forêt de sapins géants, et l'ascension commença, coupée d'essoufflements, de poses réconfortantes, d'accolades nombreuses avec la gourde commune, bientôt vide. Mes compères traînaient sous leur blouse bleue brodée patriotiquement de point russe, des panses rabelaisiennes que soulevait un gros rire incessant. Jamais chutes ne furent amorties par de plus joyeux lazzi.

Nous approchions du but quand, subitement, au défaut d'un pli de terrain, nous tombâmes dans un campement d'artilleurs. Les hommes chauffaient un bidon de café sur la flamme claire d'un fagot; quatre pièces de montagne, pointant leurs télescopes vers le sol, reposaient à l'abri d'un roc ; les mulets paisibles, leurs longes tendues, broutaient côte à côte. Les Italiens nous avaient à peine souhaité le *buon giornio* d'un air défiant, qu'un braiment formidable éclata, bouleversant les couches d'air, sautant les ravins, éveillant en sursaut l'écho d'alentour. L'une des bêtes, brisant son attache, avait bondi sur l'un des maquignons et lui léchait les mains, le visage, frottait sa tête rude à ses vêtements, puis bissait avec un brio sans égal son claironnant et magnifique Hosanna. « Aldébaran !... c'est donc toi !... » La surprise tombée, mon camarade reconnaissait à son tour le brave animal, Aldébaran, son ancien favori, ainsi nommé par son fils en témoignage de brillantes qualités, et vendu l'an passé, quoiqu'à regret. La scène devenait touchante; les deux amis échangeaient des caresses, le plus sérieusement du monde, le mulet, couché par terre, sur le dos, lançant au ciel, d'un mouvement rapide et continu, ses longues jambes robustes, comme les fusées d'un feu d'artifice.

Il fallut mettre fin à ce débordement de joie ; les soldats s'en chargèrent· D'un coup de fouet brutal, Aldébaran fut sur pied ; la corde, réparée sommairement, enroula de nouveau son cou ; l'indiscipliné rentra dans l'ordre. On nous signifia de partir. C'est en vain que j'offris d'acheter la bête ; les maquignons délièrent leurs bourses de cuir, où dormaient des lueurs fauves ; la tentative, nous le redoutions, échoua piteusement ; les Italiens furent incorruptibles...

. . . .

D'une seule traite et sans parler, tant l'émotion nous tordait le cœur, nous avons rejoint la grand'route ; longtemps, venue d'en haut, une plainte lamentable nous suivit : quelque chose de poignant, de funèbre, d'inoubliable comme un cri d'agonie, presque humain ; et quand, seul, le soir même, je franchis de nouveau la frontière, au mont Genèvre, une intense pitié me saisit à la pensée du pauvre mulet captif à l'étranger et souffrant peut-être, en son intelligence que nous ignorons, — riez de moi, j'en suis fier— l'atroce douleur d'un petit soldat de France obligé de ervir l'ennemi.

Octobre 1894.   GEORGES PACHUSI.

VIOLETTES FANÉES

Souvenir d'un bonheur à jamais disparu,
    Violettes, si tôt fanées,
Ne retrouverez-vous pas le parfum perdu,
    Si doux, des premières années?

Vos pétales d'azur, si tôt décolorés,
    En se repliant sur sa lèvre,
Ont peut-être gardé quelqu'un de ses baisers,
    Ou quelque frisson de sa fièvre.

    Oh! si vous conservez encor,
    Tout au fond de vos bleus calices,
    Parmi vos étamines d'or
    Et les harmonieux caprices
    De vos pétales endormis
    Quelque chose de mon Aimée ;

Et sur les baisers qu'elle a mis
A votre corolle embaumée,
Avec un long frisson d'amour,
Si vous vous êtes refermées :
Violettes, rouvrez au jour
Vos corolles si tôt fanées.

Mais nul pouvoir humain ne peut rendre la vie
Au moindre brin d'herbe brisé;
Ni rendre son parfum à la rose flétrie,
Son rêve, au cœur désenchanté.

F. MÉRIOT.

CHOSES D'AMOUR

Dès qu'il s'aperçut que la jeune fille était boiteuse, Luc sentit qu'il l'allait aimer.

A peine l'avait-il remarquée, d'abord, sous l'éclat des lustres, dans l'épanouissement de la fête, tête blonde perdue parmi d'autres têtes de femmes. Les expressions étaient identiques, reflétant un même plaisir à suivre le concert. Il était passé près d'elle, et ni son parfum mêlé à d'autres, ni sa grâce, ni son charme, ni rien ne l'avait attiré. Du groupe des hommes, sa rêverie avait suivi les nuques, caressé les profils, d'un coup d'œil vague, heureux, non intéressé...

Mais voici qu'au moment de gagner le buffet, dans le grand mouvement des jeunes gens vers les dames, le visage de celle-ci prit une telle impression douloureuse, une si grande certitude d'abandon prochain, que lui, dont le métier est d'étudier les âmes, il en fut tragiquement secoué. Il l'observa. Pourquoi, si jolie, souffrait-elle tant? Elle avait des cheveux semblant de cuivre clair, des cheveux de métal très fin, ayant, au coude final du chignon, des reflets nets de casque poli. L'éclat en diminuait, vers les tempes, sur le front, finissait en vapeur blonde, en poussière vague, comme une onde de soleil arrêtée là.

Le visage était fort beau; et, dans les yeux bleus, d'une immensité de rêve, la douleur cuisante se peignait, douleur oubliée une seconde, puis retrouvée. Pourquoi donc?

Il vit alors qu'elle boitait. Sa détresse était extrême quand sa jambe, trop courte, frôlait la terre; et son doux visage blond pâlissait, prenait un masque d'angoisse. Luc en ressentit une poignante émotion, un désir d'aller vers la jeune fille, de faire pour elle une œuvre quelconque. Il avança. Sous la robe, la jambe malade, petite, apparaissait tordue. Il eut une pitié immense : cette difformité, d'où qu'elle provînt, l'attira. C'était une plaie, une plaie cruelle, qu'il fallait panser, et pour la douce blonde liée d'un boulet si lourd, il se sentit vaincu d'amour.

Il demanda sa main. Elle était peu fortunée, vouée au célibat. Il fut vite agréé. — Durant les heures des fiançailles, il s'asseyait près d'elle, à ses pieds, sur un siège très bas, et il l'aimait d'autant plus qu'il effleurait davantage la jambe difforme. Il lui faisait redire l'histoire de l'accident, l'éboulement d'un échafaudage, et sa pauvre petite jambe d'enfant de six ans prise sous le poids des madriers... Il souffrait alors avec elle, plaignait sa jambe douloureuse, la prenait d'une affection particulière.

Après qu'ils furent mariés, comme elle marchait très peu, lassée au moindre effort, il lui éleva un trône de châtelaine, un fauteuil de chêne au dais gothique ; il la pria d'y demeurer souvent, et, à genoux toujours, il la regardait. Il posait sa tête sur le genou tordu, abîmé, et il y goûtait un bonheur sans nom, celui de rendre sa femme heureuse par ce qui, jadis, était sa souffrance :

« Je t'aime parce que tu as pleuré, mon ange, murmurait-il. Je t'aime parce que, jusqu'à moi, nul ne t'a comprise. C'est cette difformité, dont certains rient, que certains fuient, que je préfère en toi. Plus que tes yeux aux chers regards, que ta bouche aux dents laiteuses, que ta poitrine aux seins ardents, que ta taille tenant en mes deux mains, plus que ton être, bien plus, certes, j'aime ta jambe martyre. Je t'aime parce que, toujours, quelque effort que tu en fasses, toujours, elle te fera souffrir, et que, souffrant par elle, tu penseras à moi. Tu es belle, tu es intelligente ; mais la douleur de quinze ans de ta vie dore ton front d'une auréole plus pure que le vague de tes cheveux blonds... »

Ils s'aimaient ainsi, dans l'extase ; elle, toute frêle, maladive, comme retenue à la tombe par sa jambe blessée, — lui monté de la terre vers les cieux, dans l'amour purifié. Ils s'aimaient, ils s'aimèrent, — jusqu'au jour qu'elle dut tout quitter. Elle mourut, continuant l'ascension en pleines délices, n'ayant en effet plus rien à faire, paisible infirme, qu'à mourir, ayant aimé. Luc la reçut dans ses bras, gardant à lui, refusant à Dieu, l'âme que, dans son dernier baiser, elle lui donnait.

Puis il la mit au cercueil, doucement, pris d'une joie triste à songer qu'elle serait étendue, toujours, sans plus avoir à traîner le poids de la jambe courte. Et celle-ci, sous le suaire, se dessinait encore, affectait sa forme rétive, disait la vie éphémère, longtemps angoissée, de la morte.

Alors Luc pleura. Lui seul avait su aimer ! Lui seul avait donné le bonheur à la pauvre envolée, la faisant heureuse de sa jambe dévastée. Et tout le quittait ! Mais, au moins, elle avait souri ! Il avait recueilli l'oiseau mourant, l'avait aimé, avait fait, de la convalescence, une vie de fête, — vaincu par la mort, non par la douleur... N'était-elle pas au ciel, avant le dernier soupir ?

Il comprit avoir bien agi ; et, plus tard, quand le cercueil eut quitté sa demeure, quand le cimetière eut fait fleurir des fleurs, Luc exhala ainsi ses rêves :

Dans le calice amer que Dieu t'avait donné
Nous avons mis la liqueur sainte,
— Toi de ton jeune cœur qui s'ouvrait étonné,
Moi de ma passion sans crainte.

Nous avons transformé l'angoisse en longs baisers
Et ta douleur en notre ivresse...
Tes bras frêles, sur moi plus fort, se sont posés
Comme deux oiseaux en détresse...

O douce morte, dors! De ton être souffrant
Nous avons fait un temple grave,
Où, dans l'ardent élan de notre amour très grand,
Ton œil triste se faisait brave.

Tu ne connaissais plus le mal longtemps subi ;
Et c'est moi qui t'ai fait comprendre
L'hymne de volupté dont ton âme a souri,
— Ton âme, hier, lasse d'attendre !

Oh ! chère ! avons-nous eu de ces jours bienheureux
Dont un seul vaut des hivers sombres !
Jours purs où nous avons détruit, amants joyeux,
Ton si court passé chargé d'ombres !

Repose donc, portant des fleurs sur ton beau front,
Dans la bière où je t'ai placée :
Ce qui n'a pas été notre bonheur profond
N'est plus qu'une chose insensée.

Dors, mon aimée! Il faut t'endormir, mon cher cœur,
Puisque nous avons la victoire !
Voici que le venin se transforme en liqueur,
Voici que je te l'ai fait boire !

Qu'est le reste? Qu'importe un vieux déchirement?
Est-ce notre amour qui succombe?
J'ai fait notre bonheur, à ton dernier moment,
Gardien suprême de ta tombe...

CHARLES DE ROUVRE.

L'INEXORABLE

A Rachilde, auteur de Madame la Mort.

Éperdue, affolée, affreusement angoissée de ce mot laconique, implorant comme un appel suprême, que le valet de chambre du duc de Chéneraye venait de lui remettre, pressentant quelque drame tragique, elle s'enveloppa en hâte d'une mante qui lui tomba sous la main, au hasard, et, sans prendre le temps de faire atteler, descendit, se trouva dans la rue, héla un fiacre qui passait à vide, en jetant au cocher l'adresse de son amant...

... Elle essayait vainement de se ressaisir, de remettre un peu d'ordre dans ses idées ; elle repassait opiniâtrement chaque fait, s'accrochait en désespérée aux moindres détails, les scrutant, les analysant, ne trouvant rien qui pût la rassurer, chasser ce doute tenace de catastrophe qui venait de s'incruster en elle...

... La veille, cependant, ils s'étaient rencontrés dans l'entresol coquet, qu'en sa fantaisie de dilettante raffiné, il avait aménagé, encombré de meubles bas, de fourrures, de bibebelots rares acquis un peu partout, au hasard des ventes et des trouvailles...

Le soir encore, il était passé chez elle, ainsi qu'il le faisait parfois en sortant de son cercle, sans que rien dans ses allures, dans ses façons de causer, eût décelé une crainte ou une appréhension quelconque.

Pourtant... ?

Et elle se souvint soudain de l'emportement brutal avec lequel il l'avait baisée aux lèvres, la collant à lui d'une étreinte qui l'avait brisée, lui avait fait presque mal...

Ce fut net, précis ;

Elle le revit, comprit tout à coup l'étrange regard dont il l'avait enveloppée, sa pâleur subite, l'anxieuse souffrance que durant une seconde il n'avait pu maîtriser... Et à cette question qui lui venait naturellement aux lèvres :

— Mais alors, quoi ?

Et à laquelle elle n'osait, ne voulait plus chercher de réponse ; sans forces, éperdue, elle ne pensa plus, regardant fuir, sans les voir, les files dansantes de réverbères piquetant de points jaunes le crépuscule tombant...

*
* *

Sur le seuil de la chambre, elle hésita une minute, n'y voyant pas dans l'obscurité, qu'une lueur vacillante de veilleuse peuplait étrangement d'ombres fantastiques émergées des tentures ; puis, se dirigeant brusquement vers le lit, elle aperçut M. de Chéneraye si défait, si épouvantablement blême, qu'elle s'écroula contre le chevet et qu'elle râla :

« Oh mon Dieu !... Qu'y a-t-il ?... Qu'avez-vous, Jacques ?...

Malgré sa blessure, il s'était adossé à une pile d'oreillers, et, sans souffle, épuisé de l'effort qu'il venait de faire, il balbutiait, rasséréné, avec dans ses yeux fiévreux comme une buée chaude de larmes :

« Peu de chose... une discussion avec de Brays... une blessure insignifiante... ce n'est rien... une affaire de quelques jours à peine... »

Elle se redressa toute pâle, comprenant soudain, malgré ce mensonge, que c'était la fin, et que l'agonie allait venir.

« Non, tu me mens ; c'est fini, n'est-ce pas ? Tu le sens bien ; tu le sais bien. J'aurais dû me douter, aussi. Oh ! mais, c'est impossible, c'est trop horrible, cela... Dis-moi que ça n'est pas vrai, que tu ne vas pas mourir, t'en aller comme ça, tout à l'heure... Mais dis-moi ! parle donc ! réponds! Ah ! mon Dieu ! Jacques... ô mon Jacques... Jacques !! »

Puis, affolée, comme voulant le disputer à la mort :

« Je ne veux pas que tu meures, moi !!

M. de Chéneraye s'était renversé, haletant, la bouche effroyablement contractée de ce qu'il ne voulait pas se plaindre, tandis que sur sa chemise, à travers les bandes qui maintenaient l'appareil, une tâche rose de sang s'étendait peu à peu, marquant l'approche inexorable de la mort.

Presque sans avoir conscience de ce qu'elle avait fait, elle s'était emparée d'une fiole d'éther qui traînait sur un guéridon japonais, au milieu des potions éparsées, et il s'était remis insensiblement, ayant conscience que bientôt il ne serait plus.

« Soyons calmes, ma pauvre chère amie, quand ce sera fini, partez... » Et comme elle esquissait un geste las de dénégation :

« Il le faut, que jamais on n'apprenne, pour vous... Je le veux... Je vous en prie. C'est peut-être une imprudence déjà d'être venue ; mais j'ai été lâche, je n'ai pas pu me résigner à partir ainsi sans vous revoir. Vous avez été bonne de venir ; voyez-vous, je ne sens plus rien, c'est doux comme un sommeil magique, cette mort qui vient, cette chose qui monte, m'engourdit délicieusement... »

Sans une larme, elle le regardait, voyait peu à peu ses yeux se troubler et le délire qui allait l'étreindre ; avec d'infinies délicatesses, elle l'enlaça, se pencha tout près de lui, le frôlant doucement de ses cheveux.

« Non, ne parle pas, ne dis plus rien, tais-toi.

— Bast, qu'importent quelques minutes de plus ou de moins ; mais t'avoir là, tout près, plus près, comme ça, il me semble que je ne mourrai jamais ; je ne puis pas mourir ; non, c'est faux, ce duel, cette blessure, tu vois bien que je n'ai rien. Est-ce que je ne suis pas immortel, puisque je t'aime ? Ah ! vivre toujours ainsi. Oh ! mais pourquoi n'es-tu plus là, où es-tu ? Je ne te vois plus... »

... Elle sanglottait, bégayait :

« Si, si, mon Jacques, je suis là, tais-toi !

— Ah ! ah ! mon Dieu, Yvonne, Y...vonne... Viens... ô plus près... encore... Je t'aime... Adieu... Viens !... »

Elle eut un grand cri, une révolte de tout son être contre le destin imbécile, puis s'abattit...

Jehan PASCAL.

PROBITÉ

Pas de pain dans la masure depuis que le père a trouvé la route du cabaret, pas de pain pour la nichée qui crie la faim, tous les petits êtres, nés pour souffrir, affalés en un seul monceau sur le grabat fétide, unique meuble de la mansarde.

Pas de pain pour la mère, qui, les yeux rougis par les larmes, le cœur gros de désespérance et d'angoisse, jette un furtif regard sur ses enfants, et prend dans cette froide mansarde des résolutions de mort.

Le père ! ah oui, le père ! cet ivrogne qui, chaque soir, rentre, exhalant l'alcool, qui rentre comme pour apporter aux siens le couronnement des misères de la journée ! Le père y songe-t-il, à cette faim qui brise les entrailles de ses petits ! Cette navrante misère le touche-t-il ?

. . . .

Le matin, il a regardé, avec des yeux de brute inconsciente, le pâle visage, torturé par la douleur, de sa petite dernière, la blonde gamine, naguère si rieuse, et que la souffrance a rendue vieillotte. Amer travail de la misère, qui peint des rides sur des fronts d'enfants.

Il l'a regardé, ce visage, et on ne sait ce qui s'est passé dans le cœur du misérable ; mais une larme a lentement coulé sur sa moustache salie par toutes les quotidiennes libations, et, sans rien dire, il est sorti.

. . . .

« Allons, pense la mère, en entendant se refermer la porte, en voilà jusqu'au soir, » et de nouveau ses larmes coulent brûlantes, et de nouveau des pensées de mort hantent son esprit.

Tout à coup, bruyamment, la porte s'ouvre, et l'homme rentre avec, à la main, une grosse miche de pain.

« Pour toi et les gosses, » gronde-t-il en la jetant sur le grabat. La mère s'est dressée en une muette interrogation : « C'est vrai, lui avoue-t-il à l'oreille, la petite est trop pâle, j'ai chipé ça, nul ne m'a vu. »

Et comme la mère va parler, va protester, le misérable lui murmure, avec un suppliant regard : « Tais-toi, qu'ils n'entendent pas, qu'ils ne sachent pas, qu'ils restent honnêtes ! »

D. HAGUENAUER.

POÈTES DU CLOCHER

I

LA MARE

A mon ami Louis Lavalley, grand
prix de Rome.

Au bord du sentier vert qui mène à la forêt,
Sous les roseaux, la mare étend son eau dormante
Que de son flot jaseur nul ruisseau n'alimente,
Et que cache au regard un feuillage discret.

Entre les troncs touffus des hêtres apparaît
Son tranquille miroir qu'aucun pli ne tourmente,
Et sur ses bords herbeux croissent des fleurs de menthe
Qui jettent leur parfum dans cet endroit discret.

Je songe en te voyant, ô mare solitaire,
Reposer, immobile et pleine de mystère,
Au milieu des grands bois, dans un lit de roseaux,

A mon cœur habité par des peines sans nombre,
Qui dort enseveli dans le silence et l'ombre
Et que le chagrin rend plus morne que tes eaux !

MARIUS DILLARD.

II

AUTOMNE

A Alfred Remy.

Octobre qui s'enfuit empourpre le sorbier,
La Forêt sous la brume aurorale se tigre ;
Trouvant de moins en moins de grain et de gibier,
Le martinet ainsi que l'alouette émigre.

Ne se festonne plus au vol du bergeret
Le fleuve, ce miroir que l'or des saules ocre,
Et les taillis où les fauvettes font arrêt
Ne leur inspirent plus qu'un couplet médiocre.

L'écheveau de la Vierge est enfin débrouillé
Par le vent qui se brise aux larges toits en angle ;
Sur les monts accalmis meurt, à peine éveillé,
Un soleil qu'un carcan de nuages étrangle.

Des charrettes grinçant par des chemins rougis
Ramènent les maïs et les pommes de terre ;
Parmi les jardinets des champêtres logis
Se fanent le souci, le glaïeul et l'astère.

Tandis qu'on bat en grange au village voisin,
Que roux, dans les prés verts pleins de roses colchiques,
Les bœufs meuglent ; là-bas, regorgeant de raisin,
La grive sous les ceps siffle des airs bachiques.

Dans les vergers, derrière un groupe de maisons
Qu'un lourd clocher au toit en éteignoir domine,
Les arbres, menacés par le froid des saisons,
Se vêtent d'une mousse au velouté d'hermine.

Des pâtres dans le fond d'un grisâtre pré-bois
Se font griller des rôts à la flamme des fanes,
D'autres, à coups de gaule, éparpillent des noix
Par les chaumes fouillés des chercheuses de glanes.

Le fruit des prunelliers est plus noir que le jais
Et jusqu'aux halliers bruns, où rondissent des nèfles,
L'air où passent des vols de merles et de geais
Épand la forte odeur des regains et des trèfles.

Et ce n'est plus le temps où, par les sentiers frais,
Les amoureux s'en vont, exubérants de sève,
La bise ayant ouvert le rideau des retraits
Où jusqu'au bord du ciel ils chevauchaient leur rêve.

L'orchis meurt dans les prés, l'œillet sur les talus,
La bruyère se fane en l'entonnoir des combes,
Et que Novembre vienne, on ne trouvera plus
        De fleurs que sur les tombes.

Oct. 93.   Louis DUPLAIN.

LIVRE D'OR DES ARTISTES DE PARIS ET DE PROVINCE

LOUIS DUPLAIN

Né à Besançon. Ouvrier horloger, ne courtise la muse qu'à ses heures de loisir. Au physique, grand, noir, les cheveux embroussaillés, la tenue quelque peu négligée, a l'aspect d'un faune, et s'en vante. Au moral, très indépendant, très original, presque blasé, sauf en art; adore cependant la campagne... et son chat; les femmes ne viennent qu'ensuite... Au surplus, joyeux viveur, et franc camarade.

Voilà l'homme. Examinons le poète maintenant. Disciple de Max Buchon, sincèrement épris de la nature — son culte — l'aimant pour elle-même, citadin *ruralisé*, il a publié des poésies rustiques d'où se dégage une saveur très âpre, un goût prononcé de *terroir*. Son premier recueil, *la Loue*, est très apprécié des gourmets. Ne recule jamais devant le mot *propre*, lorsqu'il s'agit d'être *réel*. Paysannerie vraie, réalisme sincère, souci exagéré de la forme (ce qui lui vaut parfois de commettre des trivialités) et de la couleur locale : tel peut se résumer son faire. Ses meilleures pièces : *les Fumiers, les Fermiers, Mon Chat, le Boudin, le Marais, le Village, Invite, Avril.*

Du reste écoutez :

Les crottins des chevaux, des chèvres et des ânes,
les bouses des taureaux, des vaches et des bœufs,
les fientes des poulets, des dindons et des canes
élevaient dans la cour quatre fumiers gibbeux.

Ou bien ceci :

> C'était un val au fond duquel chantait un ru
> sur un lit de graviers et sous des bouquets d'aunes ;
> au pied des coteaux où le gamay poussait dru
> leurs grands champs déroulaient leurs tapis verts ou jaunes.
>
> La ferme au crépi blanc, au toit bas, large et lourd,
> avec ses greniers pleins de blé jusques au chaume
> et son fumier tassé dans un coin de la cour,
> était l'humble palais de ce rude royaume.

Et ailleurs :

> Or, à la Chandeleur, chez Monnot, l'on saignait
> le cochon qui depuis tantôt un an rognait
> leur part, insouciant, étendu sur la paille.
> Aussi, pour s'en venger, chacun faisait ripaille.
> Le lendemain à tous le père avait écrit :
> — Venez, c'est pour dimanche, on mange le gouri !

Rien que que ces quelques vers font venir l'eau à la bouche des plus difficiles. En outre Louis Duplain possède en tiroir de nombreux cahiers de vers, qu'il réunira bientôt en un volume ; et ce jour-là, je serai le premier à m'en lécher les doigts. Affecte trop l'indifférence envers l'opinion du public : ce qui l'empêche d'obtenir le succès qu'il mérite ; pour cette raison n'est pas même populaire en Franche-Comté ; l'appréciation de quelques amis et des connaisseurs lui suffit. Dépasse à peine la trentaine ; sa veine est donc loin d'être tarie ; et l'avenir nous réserve encore de délicieuses surprises...

Alfred Remy lui a consacré une longue et très élogieuse étude dans ses « Poètes du Clocher Comtois. »

Fred MARYEL.

ART DRAMATIQUE

Demandez à quelqu'un qui s'occupe d'art d'énumérer les divers genres dont l'Art est composé : cette personne répondra immédiatement : « peinture, sculpture, architecture, musique, poésie. » Je suis persuadé qu'elle ne pensera pas au théâtre.

L'Art dramatique se meurt... l'Art dramatique est mort.

Quelle est la personne qui se préoccupe au théâtre du point de vue artistique ? A mes yeux, l'Art c'est l'expression de la vie réelle. Eh bien !

quelle est la personne qui se préoccupe au théâtre si l'auteur a cherché ou non à exprimer la vie, à présenter une situation possible, réelle, et à l'étudier intelligemment.

L'Art dramatique consiste à faire du théâtre une peinture de la vie réelle, non copiée, mais ordonnée par sélection, par élimination, une peinture étudiée. C'est là la manière dont le théâtre a été compris jusqu'ici. Il cesse de l'être ainsi. On l'envisage à un autre point de vue.

Peuh !... du théâtre tel que l'entendait Molière, tel que l'entend Dumas fils, voilà qui est peu en rapport avec nos mœurs actuelles. L'homme n'a plus le temps d'être artiste; et il ne veut plus l'être. S'il travaille constamment, c'est uniquement pour procurer le confort à sa vie matérielle. Il faut quelques distractions à ce surmenage continuel. Le théâtre s'offre à lui : le théâtre devient un lieu où l'on va se délasser; il devient café-concert. Il cesse d'être un des temples de l'Art, il devient une épicerie où l'on débite de la détente pour l'esprit.

La cause de tout le mal est là. On va au théâtre comme on va au bois de Vincennes, ou comme on fait une partie de billard : uniquement pour se détendre les idées et se reposer. Que peut-on donner en pâture à la foule dans de semblables conditions ? S'intéressera-t-elle à une peinture artistique de la vie réelle, pleine d'observation et d'étude, sérieuse, grave, absorbante par conséquent ? Evidemment non. Trois espèces de pièces peuvent seules lui plaire. D'abord les vaudevilles : cela, c'est la distraction proprement dite : peuple, tu as des soucis, oublie-les dans le rire... Puis l'opérette qui joint au rire une gaie musiquette. Enfin le mélodrame ; car si les uns aiment à se détendre l'esprit par le rire, les autres aiment à se le détendre par la mise en jeu de leur excédent de sensibilité, en écoutant les aventures, qu'ils trouvent pathétiques, d'extravagants héros.

C'est ainsi que les choses se passent à Paris. Presque tous nos théâtres sont absorbés par ces trois genres anti-artistiques, et, pour couronner, le café-concert trône, devenu le roi du jour.

Pendant ce temps, si un théâtre a l'idée (que l'on s'empresse de trouver bizarre) de monter une pièce d'observation et de travail, il est récompensé par une chute, la presse critiquant la pièce dont le public se détourne.

Voilà où en sont les choses !

Le théâtre ne méritait pourtant pas ce sort de mourir ainsi, tué par un siècle trop prosaïque qui n'a pas tué les autres arts, qui respecte la peinture et la musique. L'Art dramatique illustré par tant de génies depuis Sophocle jusqu'à Racine, depuis Molière, depuis Marivaux jusqu'à Dumas fils, l'Art dramatique, qui a su faire vibrer toutes les cordes de nos âmes, expire, tué par l'épicerie, par le débit des émotions : il devient le délassement des foules.

Voilà la cause de sa mort : l'universalité. Il s'adresse à tous, à la foule, au lieu de s'adresser à l'aristocratie de l'intelligence. C'est un Art qui coûte cher ; on est forcé par conséquent de puiser dans la poche du public, réservoir de toute la fortune. Or, le public a mauvais goût, il n'a même pas de goût du tout, car il n'a pas le temps de s'occuper des choses intellectuelles. Le public encourage le mauvais théâtre en y allant, il tue le bon en n'y allant pas. Le directeur de théâtre ne peut vivre de pain et d'eau claire : or, en s'adressant au public, il tue le théâtre en tant qu'art. Ceci tuera cela.

La solution du problème est difficile à trouver, et pourtant elle est urgente ; car l'Art dramatique se perd, se meurt. La solution, c'est de corriger le goût du public, de le ramener au sentiment artistique.

La besogne est lourde ; mais c'est notre devoir, à nous, jeunes artistes, de prêcher le droit chemin, de prêcher l'Art qui rend bons et justes, et c'est particulièrement notre devoir, à nous, critiques dramatiques, d'essayer de sauver le théâtre, en montrant ce qu'il faut aimer et ce qu'il faut honnir.

André SERPIT.

THÉATRES

PARIS

Premières représentations. — Théâtre des Lettres : **Comme ils sont tous,** comédie en cinq actes, en prose, de M. Émile Fabre. — Odéon : **Fiancée,** quatre actes, en prose, de Mᵐᵉ Daniel Lesueur (*alias* Mᵐᵉ Loiseau).

La formule de théâtre de l'avenir, c'est, ce me semble, et cela doit être, le théâtre vrai. Puisque le but de l'art est l'étude et l'observation des hommes et de la nature, le théâtre, une de ses branches les plus intéressantes, doit pour sa part étudier les mœurs des hommes et les situations dans lesquelles ils peuvent se trouver. Il doit prendre dans le vrai les parties qui le concernent.

Donc le théâtre réaliste, qu'il soit psychologique et poétique comme chez Racine, ou brutalement vécu comme chez Goncourt, me semble infiniment plus intéressant, plus beau que celui dont la raison d'être est l'amusement des foules et le gain des directeurs.

Hélas ! L'on nous donne bien peu à Paris de ces pièces littéraires ; les Augier et les Dumas sont rares, tandis que les d'Ennery et les Feydeau abondent. A peine quelques théâtres quotidiens consentent-ils à jouer des pièces d'étude : le Français, le Gymnase, le Vaudeville, la Renaissance, et surtout l'Odéon, le seul accessible aux jeunes.

Aussi, à côté de cela, de nombreux théâtres sont fondés par des jeunes épris d'art, et qui se contentent de l'approbation de cet intelligent et délicat public qui se presse aux premières.

Ainsi le Théâtre des Lettres, fondé sous le patronage d'illustres écrivains, vient de rouvrir avec une de ces bonnes comédies de mœurs, d'étude, dont je vous faisais l'éloge.

Cette pièce, *Comme ils sont tous*, de M. Émile Fabre, est *vraie*, vraie dans ses personnages, vraie dans son dialogue, vraie dans son intrigue. Tous les personnages sont des hommes « comme ils sont tous, » c'est-à-dire braves gens au fond, mais sordides d'égoïsme, d'ambition, pratiques, cherchant partout leur intérêt, négligeant leur cœur, négligeant leurs facultés intellectuelles. Nous voyons en pleine lumière cette idée très et trop juste dans ces simples et belles tirades dites par le principal personnage, ce bonhomme vulgaire, vilain, mais vrai, de Barrau :

« Mon cher ami, jusqu'à présent tu as vécu dans les nuages. Tu l'imagines
» qu'il suffit, pour être heureux ici-bas, de lire ou de faire des vers...
» ... Il y a, il est vrai, des hommes vertueux, des hommes honnêtes. Mais ils
» ne sont pas construits tout d'une pièce : avec des qualités, ils ont des défauts.
» Il est idiot de croire qu'ils sont parfaits et de ne vouloir s'intéresser qu'à un
» monsieur incapable de commettre la moindre mauvaise action. D'abord, il
» n'y a pas d'hommes qui, suivant les circonstances, ne puisse arriver à com-
» mettre une indélicatesse ou une vilenie...
» ... La vie ne me paraît pas moins belle, parce que les hommes ne sont que
» de vilaines bêtes. Cela ne m'empêche ni de bien boire ni de bien manger.
» Le monde est ainsi fait ; très bien, je l'accepte tel qu'il est. N'oublie jamais,
» mon ami, que les hommes sont égoïstes, que leur unique mobile est l'intérêt.
» Prends comme devise la leur : Chacun pour soi ; c'est le seul moyen de n'être
» ni la dupe, ni le jouet de personne. »

Les autres rôles sont curieux : Briant, un homme qui se tue au travail pour sa femme, et celle-ci coquette, ignorante, enjôleuse, et qui le trompe avec plusieurs hommes à la fois. Barrau a une fille, Thérèse, et avec lui une nièce, Angélique. Thérèse est fiancée à un jeune poète, Étienne, qui cherche une place, mais veut rester à Paris, ce qui, naturellement, exaspère le pratique Barrau. Aussi conçoit-il l'idée du mariage de Thérèse avec de Salux, un noble ruiné qui peut lui être utile aux élections, et cela sans se soucier de l'amour d'Étienne, sans voir qu'Angélique est amoureuse de Salux. Thérèse obéit, et la coquette Mme Briant ne trouve rien de mieux, pour étourdir Étienne, que de s'en faire un amant ; mais l'héritage sur lequel comptait Barrau, et qui était pour quelque chose dans la décision de Salux, échappe et va à Angélique. Barrau alors négocie le mariage avec celle-ci, et carrément refiance Étienne et Thérèse... Pendant ce temps, Briant fait constater le flagrant délit de sa femme avec un individu grotesque, et Barrau conclut :

« Bah! tu en verras bien d'autres dans la vie! Ce que fait madame Briant ne
» nous regarde pas. Puis, tout cela nous est indifférent; ce n'est pas de nous
» qu'il s'agit. Nous sommes heureux, nous autres, n'est-ce pas? Tout est donc
» pour le mieux dans le meilleur des mondes. »

En somme, ce que l'auteur a voulu montrer sous ces personnages, qu'en effet
nous coudoyons tous les jours, ce sont les hommes modernes. Le personnage
d'Étienne, n'est-ce pas un peu nous-même, ce jeune artiste à qui Barrau dit de
ne plus faire de vers, d'aller en province gagner sa vie et qui répond : « Vous
ne me comprenez pas. Ma vie est dans les lettres; si je renonce aux lettres
pour gagner ma vie, ce n'est pas la peine de vivre. » Et cette petite Angélique,
est-ce assez la jeune fille d'aujourd'hui; elle a la pudeur, tout en sachant, et
c'est ainsi qu'elles sont.

Et pour compléter la vérité, l'auteur a évité cet esprit factice dont on sème
souvent les pièces pour leur donner de la vivacité, faire rire et obtenir ainsi
l'illusion du succès. Il n'y a pas de « mots. » Et non plus de ces monologues
archifaux et surannés. Jamais, dans cette pièce, les gens ne parlent seuls. C'est
comme dans la vie.

Cette œuvre supérieure a trouvé en MM. Matrat, Prad, Duluard, Pinsard,
Pélio, Desfontaines, Mmes Daubrive, Jeram, Hellen, Vinet, Debary, des interprètes intelligents et dévoués qu'il faut citer.

*　*

Fiancée, de Mme Daniel Lesueur, donnée par l'Odéon, est aussi une œuvre
intéressante.

C'est une étude psychologique très délicate et très curieuse, qui suffirait certes
à faire passer une exquise soirée aux spectateurs. Mais voilà! M. Sarcey a
tellement prêché qu'il faut au théâtre non de curieux tableaux, des instantanés
spirituels ou des analyses d'âme, mais des actions vulgaires et pathétiques qui
nous tiennent haletants, que l'auteur a mêlé à son exquis roman une action
mélodramatique; et cela nous a affligé, quoique cette action ne soit ni grossière, ni ridicule. M. Sarcey, prenant Sardou pour idéal, exige qu'on mette une
violente intrigue sous une observation piquante ou vraie.

Donc, l'auteur a sacrifié à la peur de M. Sarcey.

Il a été mal récompensé, puisque l'injuste critique lui a reproché au contraire
cette intrigue... (Comble.)

Enfin, telle qu'elle est, cette pièce est remarquable.

Un père inspire à sa fille Lysiane, par la noblesse de son caractère et de ses
pensées, une admiration, une adoration sans bornes. Aussi, lorsqu'il veut la
marier à un jeune homme, Jacques de Piral, très bien, mais très quelconque,
elle est prise du regret immense de perdre l'homme supérieur, le compagnon
intellectuel, l'ami sûr. Mais, d'autre part, le père n'est pas le père, et le jeune
homme, qui aime profondément, entre dans une jalousie atroce, car il voit de
l'amour dans cette affection paternelle... et, en effet, il y en a un peu. Le père

veut se sacrifier et faire le bonheur réel de Lysiane. C'est Lysiane, alors, qui résiste et déclare au père qu'elle ne sera jamais plus heureuse qu'avec lui ; Jacques, entendant cela, tue d'un coup de fusil le malheureux père.

Ensuite, hélas! la pièce tourne au mélo : erreur judiciaire, juge d'instruction, rien n'y manque ; cela se termine par une pantomime fort vulgaire.

Mais l'idée de la pièce est originale, la psychologie en est forte, et c'est là un spectacle digne d'attention,

… Comme tous les spectacles de l'Odéon, qui fait tant pour les jeunes et n'en néglige pourtant pas nos admirables classiques,

… Pendant que tous nos théâtres jouent des imbécilités.

Car, à Paris, le peuple a vraiment le goût des choses basses (peut-être est-ce parce que les directeurs et M. Sarcey les lui imposent, en ne leur donnant que cela). Mais Paris est grand ; il contient aussi un certain nombre d'artistes.

— C'est d'eux que dépendent toutes pièces.

… Et c'est d'ailleurs peut-être un tort.

André SERPII.

MARSEILLE

Le titre de cette correspondance vous indique clairement, gentes lectrices et aimables lecteurs, — que je salue, ici, bien cordialement — ce que je suis chargé de vous dire dans chaque numéro de cette excellente *Revue de Province*. Toutefois, je tiens à vous faire savoir que j'écrirai *toujours librement ce que je pense et sans aucun parti pris*, sur les choses théâtrales, artistiques et littéraires dont je vais m'occuper spécialement dans ce courrier.

Soyez donc sans crainte, ô vous qui me lirez, je ne faillirai pas à ma tâche, La *Revue de Province*, laissant aux auteurs la responsabilité de leurs écrits, me met à l'aise pour signaler ceux qui rabaissent l'Art à Marseille.

Ceci dit, commençons par nos spectacles.

Au Grand Théatre. — M. Mobisson, notre nouvel impressario, n'étant pas superstitieux, comme certaines bonnes femmes, n'a pas craint d'effectuer la réouverture de notre grand opéra un vendredi! Il est juste d'ajouter, cependant, que cette réouverture devait avoir lieu l'avant-veille et qu'elle a été retardée de deux jours, par suite d'un accident survenu, le 10, à l'excellent M. Escalaïs. C'est donc le 12 octobre que la salle Beauveau a rouvert ses portes au public, avec les *Huguenots*. M. Jérôme, qui remplaçait M. Escalaïs, a été accueilli très favorablement dans le rôle de *Raoul de Nangis* qu'il remplit à merveille. La voix est très sympathique, le jeu de scène parfait. M. Escalaïs n'aura qu'à se bien tenir ; — car M. Jérôme nous quittera dès que notre ténor sera remis de sa foulure au pied. Cette première soirée a été assez froide en ce qui concerne l'élément masculin surtout : la basse noble, le baryton doublure et Saint-Bris n'ont pas été à la hauteur de leurs rôles. L'élément féminin est meilleur : Mlles Martini, Savine (notre nouvelle dugazon) et Demours ont produit une bonne impression. Quant au ballet et aux chœurs... glissons!... — Dans *Mignon*, la troupe d'opéra comique a été assez terne — à l'exception, pourtant, de notre ténor léger, M. Cornubert, qu'on a fort applaudi. Ensuite les débuts ont continué dans *Mireille*, *Faust*, *Hamlet*, *Les Dragons de Villars*, *Le Chalet*, *Guillaume Tell*, etc., sans trop d'enthousiasme des spectateurs.

Il nous souvient d'une soirée mémorable de troisièmes débuts où la commission municipale, nommée pour accepter ou refuser les artistes, a été, elle-même, conspuée par le public qui, lui, veut rester seul juge de conserver l'artiste qui lui convient et, certes, il a raison, le public! A notre avis, il faudra donc supprimer la commission municipale; d'ailleurs, elle ne fonctionne déjà presque plus à l'heure où nous écrivons. En un mot, à quoi donc sert cette commission qui n'est pas à la hauteur de sa tâche et que fait-elle après l'échec subi l'autre semaine, où, dans *Faust*, notre première danseuse, Mlle Rivolta, refusée par cette *fameuse* commission, a été acclamée par les spectateurs qui l'ont voulue... et qui l'ont. (Bravo !) — Dans notre prochain courrier nous parlerons de la *Juive*, des *Noces de Jeannette*, de *Rigoletto*, de *Sigurd* aussi et, peut-être, de *Werther*, la première nouveauté qui passera dans cette deuxième quinzaine de novembre.

Simple remarque : Pourquoi donc certains conseillers municipaux, qui avaient voté contre la subvention, se prélassent-ils dans les loges?

Aux Variétés. — M. Emile Simon fait vraiment des merveilles, et notre première scène de genre est, sous son intelligente direction, la *vraie* succursale de la Comédie Française en province. Nous avons assisté, cette quinzaine, à la *Femme de Tabarin*, la charmante tragédie-parade de Catulle Mendès, et au *Premier Mari de France*, du bon vaudevilliste qui a nom Albin Valabrègue. Dans la tragédie, Mme Marie Laure, *Francisquine*, et M. Pouctal, *Tabarin*, ont été couverts d'applaudissements. L'œuvre a été rendue avec toute sa valeur par ces deux excellents pensionnaires. Le vaudeville a obtenu le même grand succès que l'an dernier avec Mmes Canti, Linday, Brunetty, et MM. Deschamps, Gilles-Rollin, Gipay, Perrin. — Puis ça été le *Plus Heureux des trois*, l'hilarant vaudeville de Labiche, qui a déridé tous les auditeurs, grâce à Mmes Marie Kolb, l'exquise *alsacienne*, et Charlotte Reynard, et aussi MM. Marcel Simon et Worms.

Malgré leur réel succès, les pièces ne tiennent pas l'affiche longtemps aux Variétés, car M. Simon tient à justifier le titre de son théâtre. Nous avons eu bon nombre de primeurs ces derniers jours : *Gringoire*, l'exquise comédie en prose, de Banville, puis une autre, en vers, de Coppée: le *Passant*, et une autre de Beaumarchais : *Barbier de Séville* ; enfin une quatrième comédie — savoureuse, celle-là — de Henri Becque, la *Parisienne*. L'accueil le plus chaleureux a été fait aux trois premières de ces comédies; pour la *Parisienne*, les lettrés seuls en ont été charmés, le *gros* du public est resté froid. L'interprétation en était correcte et, en bloc, nous adressons à tous les interprètes nos plus sincères éloges. Hurrah ! pour la direction.

Nous rendrons compte prochainement du *Prince d'Aurec*, qui a été donné le 7 courant avec Mmes Sisos, Marie Laure ; MM. Pouctal, Burguet, etc. Cette pièce est richement montée, paraît-il, et nous n'en doutons nullement, connaissant le faire de M. Emile Simon.

Au Gymnase. — C'est à M. Simon Jalabert, un artiste bien connu des Marseillais, qu'est échue la direction commanditée de notre vieux Théâtre-Français; et, pour mener à bien sa tâche artistique, notre impressario s'est adjoint MM. A. Clérissy, notre vaillant confrère du *Petit Provençal*, et Urbain de la *Presse hebdomadaire*; l'un comme secrétaire général et l'autre en qualité de secrétaire particulier. C'est pour le mieux !... C'est la populaire opérette d'Audran, la *Mascotte*, qui a été le spectacle d'ouverture, et la représentation a marché très correctement avec Mlle Lambrecht et M. Poudrier, deux artistes hors pair qui étaient bien secondés. Nous avons assisté ensuite à d'assez bonnes représentations : de *Gillette de Narbonne*, du *Grand Mogol*, de la *Tour de Nesle*. Le *Bossu* et le *Maître de Forges* nous ont permis d'applaudir bon nombre d'interprètes.

Depuis l'ouverture, le public vient en foule et cela nous fait bien augurer pour le succès qu'obtiendra sûrement notre Gymnase. Nous nous étendrons davantage, dans notre prochaine chronique, sur les pièces auxquelles nous aurons assisté; aujourd'hui, l'abondance des matières nous oblige à être bref.

Aux Concerts classiques. — Notre *Association artistique* a repris ses concerts dominicaux à la salle Vallette. Nous parlerons longuement de ces séances, prochainement. Enregistrons, pour mémoire, que le dévoué président de cette excellente phalange, M. Vernet, a donné sa démission... Mais espérons que la réunion des critiques artistiques, qui aura eu lieu à l'heure où ces lignes paraîtront, aura eu pour résultat de faire revenir sur sa décision l'intelligent M. Vernet.

La première séance de quatuors sera donnée à la salle Pain, après-demain, 12 courant, par MM. Lantier, Gouiran, Marcellino et Mourey, avec une quintette de César Franck, et les quatuors n° 3 de Schumann et n° 4 de Beethoven.

L'Alhambra est une nouvelle salle de spectacle qui doit s'ouvrir incessamment à la place Centrale. Nous y reviendrons. En attendant, souhaitons un légitime succès à la direction, qui, on nous l'assure, ne néglige rien pour satisfaire les plus difficiles.

Un grand concert de charité sera donné, le 19 courant, à la salle Pain, au profit du Dispensaire des enfants malades, sous le haut patronage de Mme la comtesse Gilbert des Voisins, et avec le précieux concours de notre pianiste distingué M. Paul Bloch. Il y aura salle comble ce soir là chez Pain. Nous le désirons sincèrement, étant donné le but de cette soirée.

Au Palais de Cristal et à l'Alcazar, les habitués sont heureux d'applaudir les *étoiles* qui sont engagées par les directeurs de ces deux établissements lyriques. Les troupes mimiques sont aussi très fêtées. Nous aurons à parler, en détail, des excellents pensionnaires de ces deux cafés-concerts.

*
* *

Echos Littéraires. — Au moment d'envoyer notre courrier, nous recevons une très fine, très élégante et très mignonne plaquette de vers, titrée : *Semailles*. Il y a, dans ce petit volume, douze poésies exquises, d'un tout jeune, M. Georges Jouvent, qui, certainement, sera un bon poète de demain, s'il continue à ciseler aussi bien ses rimes. Bravissimo ! mon cher ami.

Sous ce titre : « Jeunes littérateurs, » un groupe nouveau se fonde qui aura pour but de faciliter les débutants et de publier leurs œuvres littéraires et artistiques. — Avis aux *jeunes*.

9 novembre 1894.   M. D'ARCOURT.

LYON

Lyon, le 2 novembre 1894.

Mon cher directeur,

Je vous écris ces quelques lignes à la hâte.

Votre correspondant à Lyon n'est point en retard.

Nous sommes encore dans nos villas, dans nos châteaux.

Notre retour dans la bonne ville de Lyon n'a lieu qu'en novembre, même en décembre.

Nous nous reposons dans le doux *far niente* de la campagne, du surmenage des stations thermales, des excursions en Suisse ou sur les Alpes.

A l'opéra (lisez notre Grand Théâtre), nous en sommes aux premières soirées des débuts.

Soirées houleuses autrefois, où nous nous complaisions dans notre chahut traditionnel pour faire croire que nous étions des dilettanti très affinés, mieux nous en étions persuadés nous-mêmes.

Quel indicible plaisir de donner le trac à nos pensionnaires !

Tel est notre tempérament, et ce beau temps est passé, hélas !

Cette année, la chose eût été assez difficile.

La troupe, à première audition, présente une certaine homogénéité.

Il eût été absurde de pousser les miaulements du chat, les aboiements du chien, les sifflements du serpent.

Dans mon prochain courrier, je vous dirai ce qu'est vraiment notre troupe d'opéra.

Ne fréquentant point les coulisses, n'exigeant les avances des artistes, encore moins celles de l'administration, car j'entends payer chaque soir mon fauteuil, je serai absolument impartial.

Je vous dirai aussi quelques mots de notre exposition de peinture et de sculpture qui va s'installer, dans une baraque en planches, sur la place de Bellecour.

Quel honneur pour la seconde ville de France ! Mais nous sommes trop pauvres, paraît-il, pour nous payer un nouveau monument ; pour une halle aux blés ou un hall pour la condition des soies, on trouverait bien quelques billets de mille, mais pour abriter ces barbouilleurs de toiles, nenni ! A Lyon, nous sommes très sérieux ; la peinture et la poésie, oh ! surtout la poésie, ne sont point dans nos goûts.

Je vous conterai surtout, pour amuser vos lecteurs, les dessous des intrigues et les petites infamies de cette exhibition annuelle.

Qu'est-ce à dire ?

Un poète qui se mêle de parler peinture et sculpture, quelle horreur !

Tiens ! pourquoi pas ?

J'aurais recours aux excellents jugements de quelques vieux amis du métier pour traiter la chose au point de vue de l'art pur.

Moi, je représenterai le bon public payant.

J'esquisserai à grands traits le caractère artistique de l'ensemble des œuvres présentées et je prendrai le malin plaisir d'en faire la critique au point de vue humouristique.

Ce sera fort plaisant.

Eh ! eh ! le Meursault, le Volnay, le Pommard, qui allument, comme on le prétend, nos rouges trognes bourguignonnes, nous rendent singulièrement bavards et sarcastiques, mais point méchants, histoire de rire un brin.

Parbleu ! nous aussi, poètes, prosateurs, critiques littéraires, n'avons-nous pas la douce habitude de nous dévorer ?

Pourquoi ces messieurs des Beaux-Arts n'auraient-ils le droit d'en user de même — et ils en usent largement. La galerie a bien, je le crois, la permission de s'en amuser.

En tous cas, vos lecteurs excuseront ma mauvaise prose, je suis un vigneron plus habile à manier la mailloche que la pointe de la plume.

La bonne humeur sera l'excuse du manque de style.

Sur ce, mon cher Directeur, en vous remerciant de l'honneur que vous me faites en me confiant le soin de vous adresser un courrier artistique sur la ville de Lyon, recevez l'assurance de mes sentiments les meilleurs.

LE POÈTE VIGNERON.

SAINT-ETIENNE

Nous avons eu la bonne fortune de voir interpréter sur notre scène *le Gendre de M. Poirier*, la spirituelle comédie de MM. Jules Sandeau et Emile Augier, et *l'Homme aux figures de cire*, drame en cinq actes et neuf tableaux, de MM. Xavier de Montépin et J. Dornay, qui s'y joue encore en ce moment.

Pour la première pièce, au décor un peu fade en cette circonstance, a remédié une interprétation des meilleures qui, certes, n'a pas laissé le public indifférent.

Le Gendre de M. Poirier est trop connu pour que nous en donnions ici même une succincte analyse. Bornons-nous à dire que les deux capricieux personnages de Poirier et de Verdelet ont été rendus admirablement par MM. Dorban et Anselme ; que M. Duchesnois était parfait dans son rôle du marquis de Presles ; qu'un mieux sensible s'est manifesté chez Mlle Guérin (Antoinette), qui, espérons-le, deviendra une jeune première tout à fait convenable. Quant à M. Ferré (duc de Montmeyran), il y a beaucoup mieux, et cela sans commentaires.

*****

Passons maintenant à l'*Homme aux figures de cire*. C'est du *mélo* tout pur, avec la traditionnelle série des crimes accumulés les uns sur les autres, et des complications banales, *imbroglios*, etc., qui sont la spécialité de Xavier de Montépin et Dornay. Mais cela est *pathétique*, et le gros public s'assimile mieux ces sortes de spectacles.

Le rôle de Jean Vaubaron a été tenu d'une façon excellente par M. Davricourt. Rien à reprocher à MM. Dorban (Laridon), Vylé (Rodille) et Bert (Paul Granier), qui ont joué parfaitement.

Mlle Guérin a tenu avec talent le rôle d'Antoinette. Très charmante, la petite Vinot (Blanche *enfant*), et infiniment gracieuse sous ses magnifiques cheveux d'or, Mlle Berthilde, dans son rôle de Blanche deuxième édition (Blanche, *jeune fille*).

Quelques hésitations toutefois à signaler de la part de MM. Ferré et Anselme. Mais, en somme, bonne représentation.

Pétrus DUREL.

AVIS — A partir de notre n° 2, nous donnerons le compte rendu de toutes les *premières* et le programme de tous les théâtres de France. Avis à nos rédacteurs théâtrals de nous tenir au courant.

PETITE CORRESPONDANCE

Diable Boiteux, *Gil Blas :* grand merci, cher confrère. Inscris service. — D. Haguenauer, Nancy : Reçu vos divers envois. Avons eu un peu de retard. — Divers : Même réponse. — Paul Meissonnier; Paul Auvard : Excusez-moi. Je suis accablé d'ouvrage. Vais vous écrire. — Jehan Pascal : Renvoyez portrait de suite. Vous écrirai. — Marius d'Arcourt : Insérerai votre sommaire. — Pétrus Durel : Sommes encombrés de vers. Courrier trop long. — Frédéric Bataille : Je vous envoie notes sur Ed. Grenier. Merci d'avance. — Charles Missol : Vous me faites trop d'honneur. Annonce votre concours. Dessin fort joli. Ecrivez-moi. — Pierre Paul : Mille fois merci. Attends réponse de suite. — Ernest Figurey : J'espère que vous allez mieux. Ai trouvé pour biographie. — L.-R. Barnouin : J'ai un correspondant à Lyon. Du reste je vous écrirai à ce sujet. — André Serph : Pas reçu l'*Avenir artistique* de Novembre. Envoyez-le moi sans faute, et donnez-moi l'adresse de votre rédacteur musical. — René Champdeuil : N'oubliez pas la réunion du 29. Amitiés. — Gabriel de Lautrec : Entendu. Vous inscris parmi collaborateurs. — Charles Fuster : Excusez-moi si je ne vous ai pas encore envoyé l'article sur Louis Mercier. Je suis tellement pris. Avez-vous reçu la *Loue ?* — Adolphe Pianelli : Reçu *Vérane*. Voyez bibliographie. Vous écrirai. — F.-E. Estève, Marseille : même réponse qu'à L.-R. Barnouin.

Reçu les livres suivants dont compte-rendu sera fait au prochain numéro : *La Belle Bachelette,* par Antony Réal; *Semailles,* par Georges Jouvent ; *Saint Dictamen,* par Paul Auvard; l'*Annonciation,* par Saint-Georges de Bouhélier.

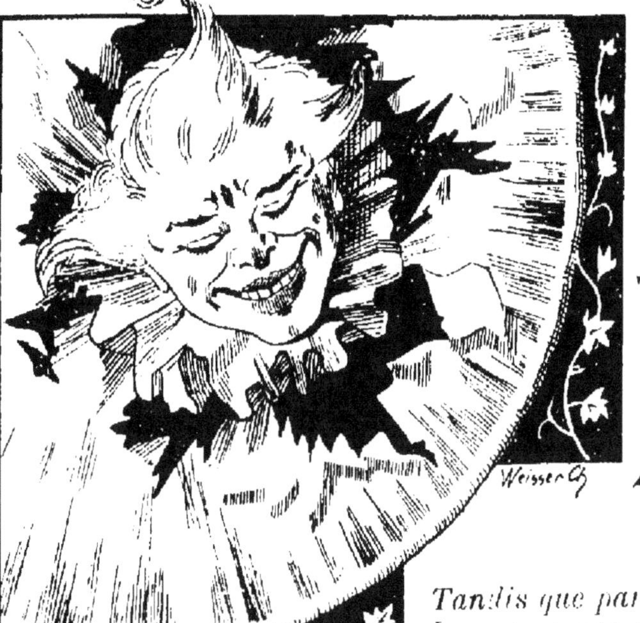

Spectacles

ET CONCERTS

PARISIENS

Tandis que par le Luxembourg,
Les passereaux disent famine ;
Que là-bas, dans le grand faubourg
Le frangin délabré lambine ;

Alors que les grands arbres nus
Implorent le ciel de leurs branches,
Et que les marbres saugrenus
Endossent leurs complets en planches ;

Quand les bambins emmitouflés
Ont des sarraux de laine beige...

Ma foi, ma muse est tarie, et, comme, par bonheur, Paris n'est pas encore sous la neige, j'aime mieux tourner le robinet de mon westinghouse poétique... Eh ! oui, avec l'automne les fauvettes viennent remplacer les hirondelles, — j'entends les fauvettes qui charment les yeux de nos purs smoking dans les concerts de la capitale.

Sont-ce bien encore des cafés-concerts ? M. Marchand a répudié ce nom pour ses établissements, c'est *music-hall* qu'il faut dire ! Du luxe, partout du luxe, des ors, des glaces, des diamants, des toilettes ébouriffantes et des déshabillés suggestifs qui font la joie des vieux messieurs de l'orchestre, voilà le bilan des réouvertures. — Çà et là quelques bons artistes, mais combien peu !

L'ELDORADO d'antan a vécu et a pris le genre de l'OLYMPIA : on y voit des clowns, par ma foi vraiment étonnants, des chiens savants, un ballet signé, devinez... Armand Sylvestre. Titre : *O' ménéné!* Le maître en aurait-il pu trouver un autre, lui, le grand admirateur des « tutus » et des « rotondités callipétardières. »

A la Scala c'est la chanson qui triomphe avec Yvette Guilbert, dont le succès va croissant, malgré... mais ne soyons pas méchant; Paula Brébion et Anna Keld; — côté des hommes : Bourgès et Maurel, — j'allais oublier Polin, le tourlourou fantaisiste.

Le Parisiana semble vouloir absorber les étoiles; l'*alpha* du *music-hall* (la langue française est pauvre, il faut avoir recours à l'anglais!) de M. Debasta est pour l'instant Gilberte, qui revient à ses premières amours. Voici aussi la charmante Dupare, une des rares qui conservent les bonnes traditions, puis Duclerc, toujours aussi remuante; puis le monsieur à succès, Fragson, qui a le grand mérite d'être Anglais et de chanter depuis deux ans, la tête de côté, sans avoir jamais le moindre torticolis!

Il semble que depuis quelques semaines (oh! cela ne durera pas!) MM. les directeurs aient abandonné ces pantomimes fastidieuses où des demi-mondaines, plus ou moins huppées, venaient donner au public le spectacle de leur petit lever, leur bain ou leur coucher.

Seule la Cigale, pour sa réouverture, nous a présenté : Mlle Renée de Presle, *Chez la Danseuse.* — Un succès? — Comment voulez-vous qu'il en soit autrement! — Durable? — Quoi d'étonnant! La troupe de concert est par exemple fort bien composée, et il faut en féliciter M. Numès. Tout d'abord Dalba, dont le succès a été si grand aux Ambassadeurs, cet été, Elise Brissol, toute mignonne et délurée, Cogé, une transfuge de l'Odéon, les joyeux duettistes Derouville-Nancey, et bien d'autres encore.

S'il me fallait passer en revue tous les concerts de Paris, un numéro entier de la *Revue de Province* ne suffirait pas. A la hâte, au hasard de ma mémoire, envoyons des applaudissements à Micheline et de Kerville du Trianon, cet ancien temple de la danse *(Elysée-Montmartre)* devenu concert, à la charmante Miette, de la Fourmi, qui, comme Fragson, s'accompagne elle-même et compose de fort gentilles choses ; à Déferville, du Moulin-Rouge, à Nicolle, pure gigolette, de la Gaité.

Je voudrais dire aussi un mot des cabarets artistiques, ce sera pour une autre fois, et signaler aux amateurs les compositions originales de Jules Jouy, Teulet, Yong-Lug, Meusy, Salis, qui rouvre son Chat Noir, etc., etc.

Dans les cirques, rien de bien saillant. Le Nouveau-Cirque détient le record des nouveautés ; l'Hippodrome du Champ-de-Mars possède Mazzoli, le roi des Augustes.

Déjà certains concerts annoncent leurs revues de fin d'année : *Paris-Scandale*, à la Scala, — *Allume-Allume*, au Parisiana, seront les premières à voir le « feu de la rampe » (est-ce assez cliché?). Puis viendra *Cassons du sucre* à la Cigale.

Paulus a rouvert son concert Bataclan et coupé sa moustache; il est redevenu le Paulus d'autrefois. Son succès est grand, mais quel homme universel! Directeur, chansonnier, le voilà qui annonce que c'est lui qui fera cette année sa revue.

Au Trianon, on a lâché la chansonnette pour l'opérette. Les *Hussards bleus* tiennent l'affiche et la tiendront longtemps encore, si j'en juge par les bravos qui accueillent Micheline et ses partenaires.

Le citoyen Lisbonne, facétieux comme toujours, roule dans son sapin écarlate du Casino des concierges à son concert de la rue des Martyrs; il épate les bourgeois par ses excentricités, et on vient le voir.

Au Pole Nord et au Palais de glace, nos demi-mondaines les plus en renom viennent patiner à jambes-que-veux-tu, et les froufroutements de la soie, leurs yeux engageants, et leurs savants « en dehors » aguichent les vieux messieurs et les petits vernis du promenoir.

Sur ce, je fais une

PIROUETTE.

LES LIVRES

Lourdes (1), par Emile Zola. — (Charpentier).

Lourdes, par Emile Zola! Il est sans doute un peu tard pour parler de cette œuvre ; mais « mieux vaut tard que jamais, » dit un proverbe. D'ailleurs, des livres de la nature de celui-ci sont toujours d'actualité, parce qu'ils incarnent toute une phase de l'existence d'un peuple, tout un degré de l'évolution sociale.

Donc, en quelques lignes, voici :

Lourdes, c'est le pays du miracle, le pays de la légende et de l'illusion, vers lequel, depuis quelques années, des milliers de douleurs et de misères humaines vont chercher la guérison ou le soulagement : troupeau horrible de phtisiques, d'estropiés, d'aveugles, de sourds, de muets, de malades de toutes sortes, que l'Espoir et la Foi, ces deux grands moteurs de l'humanité, chassent vers la terre de bénédiction et de salut, résidu abject de la société souffrante que charrie le besoin de santé, malheureux, en un mot, abandonnés de la science, qui n'ont conservé au fond de leur cœur, dans l'insatiable désir de voir finir leurs tourments, qu'une seule lueur d'espoir, et qui se précipitent en une même poussée irrésistible vers la perspective d'un bonheur possible entrevu.

Lourdes! ce mot signifie à la fois maladie et santé, misère et bonheur, la mort et la vie, la foi et le doute, le naturel et le surnaturel ; il résume l'élan de la faiblesse vers la force, de l'ignorance vers la lumière, du connu vers l'inconnu, de la créature vers une puissance créatrice, du mortel vers l'immortel, du malade vers le remède. *Lourdes* est le nœud qui relie deux courants : le

---

(1) Nous nous proposions de donner un compte rendu plus développé de cette œuvre, ainsi que de *Vérane,* le roman de M. Pianelli. Mais le surcroît de travail occasionné par le lancement de notre *Revue* nous en a empêché. — A. R.

passé et l'avenir, ou, pour mieux dire, le champ où les deux principes qui
divisent l'homme sont en lutte : le *matérialisme* et le *spiritualisme*, dont la
fusion assurerait peut-être le bonheur, ou, en tout cas, l'équilibre de la société.

Il y avait donc là plus que matière à vaines chicanes religieuses, à ridicules
controverses de partis. Là se trouvait peut-être la solution du grand problème
social, toujours irrésolu ; il ne manquait qu'un apôtre de la vérité, qui, sans
aucun préjugé, sans parti pris, en homme désireux de savoir, de faire la
lumière, dégage la solution et fasse la part du surnaturel et du terrestre dans
les guérisons d'apparence miraculeuse renouvelées chaque année à Lourdes.
La tâche était ardue, semée d'écueils. M. Zola osa la tenter. Il avait, pour ou
contre lui, toute une génération ; on attendait son livre avec une impatience
non dissimulée, parce que de lui résulterait peut-être le succès ou la ruine de
telle ou telle cause, la vérité.

Désirant ne rien affirmer qu'il n'ait vu, il s'est rendu sur les lieux, a noté tout
scrupuleusement, sans omettre le moindre détail, interrogeant l'un, demandant
des documents à l'autre, suivant lui-même la foule dans son entraînement
impétueux vers la grotte, se mêlant à elle afin d'éprouver les mêmes sensations,
s'approchant des malades, constatant les guérisons ; et ensuite il nous a fait
part de ses recherches, de ses trouvailles, démêlant le vrai du faux avec la plus
parfaite bonne foi d'homme et d'écrivain. M. Zola ne nous apprend rien de
nouveau ; il n'a fait que recueillir les mille et mille opinions éparses à droite et
à gauche, soucieux seulement de les vérifier, de les mettre en ordre, de les
comparer, pour en faire jaillir la lumière sur une question restée longtemps
obscure. On a reproché à M. Zola cette méthode d'investigation, l'accusant de
vouloir expliquer les *phénomènes* de Lourdes par des moyens *naturels*. Sans
doute, il détruit ainsi bien des croyances, bien des illusions ; il jette la désespérance au cœur de bien des affligés. Mais parce que quelques-uns sont sacrifiés
au progrès, est-ce une raison pour entraver sa marche, et n'est-il pas juste
qu'avant d'attribuer, d'une manière irréfléchie, à des causes surnaturelles des
choses qui dépassent ce que nous voyons habituellement, on cherche autour de
nous si elles ne rentreraient pas dans le domaine de notre nature ?

Ici, comme dans ses autres œuvres, M. Zola nous présente une foule de personnages, d'abstractions plutôt, qui incarnent ses opinions et les divers partis
en présence. Ses personnages ressemblent à des fantoches qu'il fait mouvoir
dans tel ou tel sens, selon le besoin de la situation, et qui lui servent à établir
le pour et le contre.

Ainsi Pierre, l'abbé (qui, entre parenthèses, représente l'auteur et le *scepticisme* de notre siècle), est le type de celui qui ne *croit plus*, malgré tous les
efforts faits pour se rattacher à la foi passée. Il nous montre que, lorsque le
doute a effleuré une âme, le mal, tel un chancre incurable, ne fera que s'ag-
graver, rendant impossible tout retour à la croyance ; c'est le logicien qui rai-
sonne froidement les choses et qui lutte entre la foi et l'incrédulité, entre le
passé et l'avenir. D'autre part, Marie, l'amie malade qu'il accompagne, et qui
guérit soudainement dans un accès de ferveur et d'espérance, incarne la foi

aveugle, poussée jusqu'à l'exaltation, la foi du charbonnier, inébranlable aux attaques de la raison. Quant au docteur Chassaigne, c'est l'homme de science, converti, parce qu'il a reconnu la vanité de la science et s'est repris à croire par besoin, éprouvant la nécessité d'une puissance absolue qui ait entre ses mains le remède, puisqu'elle dispose du mal.

Et tous ces personnages antithétiques, d'opinions si diverses, si contradictoires, concourent à la même conclusion : L'homme ne peut vivre sans la foi ; c'est la foi qui, poussée à un degré superlatif, fait les miracles, en raison de cette étroite connexité qui existe entre la pensée et le système nerveux de l'individu, agissant l'un sur l'autre jusqu'à provoquer, dans une concentration intime de la volonté, une réaction contraire même aux lois de la nature. Et M. Zola termine en manifestant le besoin d'une « religion nouvelle, » appelée à se substituer à cette religion catholique, usée avec l'âge, vieillie avec les mœurs d'antan, bonne il y a dix-huit cents ans, mais incompatible avec l'*âme moderne*, avec notre état d'esprit.

Cette religion est toute trouvée, semble-t-il. Elle s'appellera le *socialisme*, religion plus *humaine*, où des principes auront remplacé des idées, où, au lieu de demander à des dieux insensibles et imaginaires le bonheur de l'humanité, on cherchera à établir ce bonheur par nous-mêmes, en utilisant les moyens qui sont à notre portée.

En somme, qu'est-ce que *Lourdes ?* L'œuvre d'un grand poète et d'un grand humanitaire. Quoi de plus poétique, en effet, que ces pèlerinages gigantesques, ces processions interminables, s'ébranlant en plein air, aux carillons joyeux des cloches, sous la voûte immuablement bleue des beaux jours, en le décor pittoresque des sites pyrénéens, ou parmi la solennité mystérieuse et le silence recueilli des nuits étoilées, à la lueur mystique d'innombrables flambeaux ; que cette communion spirituelle de tout un peuple, de plusieurs milliers d'âmes confondues dans un seul rêve, dans une seule aspiration immatérielle, par la puissance suggestive d'une croyance et d'un espoir uniques ; ou que cette touchante image de Marie de Guersaint, la miraculée, animant, comme une autre Bernadette, le roman d'un reflet d'innocence et d'idéal ! Quoi de plus apitoyant, d'autre part, que cette misère, que ces souffrances étalées sous nos yeux en des pages émues et vraies, que ces malades désespérés, espérant quand même la guérison, tant il est vrai que la foi peut opérer des miracles ! Il se dégage de cette œuvre, qui, à elle seule, suffirait à faire oublier la matérialité voulue de la *Terre*, de l'*Assommoir*, un parfum d'intense poésie, de poésie mystique et réelle, qui parle ensemble à l'âme et aux sens, en même temps qu'une immense pitié déborde à chaque feuillet, pitié commune à tous, universelle, pour tout ce qui souffre, et qui, seule, réussit, dans ces quelques jours du pèlerinage annuel à Notre-Dame de Lourdes, à concilier tous les partis, à réunir tous les esprits, pauvres, riches, sots, intelligents, *hommes* enfin, dans un même sentiment inconscient de charité et d'amour — première application réalisée du socialisme.

Si j'insiste sur ce caractère particulier du talent du maître, c'est qu'ayant vécu longtemps de cette vie mystique de foi naïve et entière, d'extase, où l'être s'abîme, s'anéantit jusqu'à l'hallucination, et à la disparition de son *moi* dans le sein de sa chimère, je suis à l'aise pour en parler ; et, tout en constatant que personne mieux que lui n'a su peindre cette vie *spirituelle*, dont la *Faute de l'abbé Mouret* nous offrait déjà un tableau si fidèle, je suis heureux de saluer en M. Zola le grand apôtre du Socialisme moderne, celui qui n'a pas craint de nous montrer dans toute sa laideur l'*ulcère* social, afin de nous apitoyer sur elle, nous laissant la tâche glorieuse d'y trouver ou tout au moins d'y chercher un remède.

L'**Employée**, par Charles DE ROUVRE. — Bibliothèque des Modernes.

Tout d'abord, en principe : si, par un livre, une individualité s'affirme, nullité ou talent ; — si c'est cette individualité que le critique doit s'appliquer à dégager, j'en conclus qu'à une époque de luttes matérielles et morales comme la nôtre, où tout livre doit être une thèse, tout écrivain un soldat de l'idée, ce qu'on doit rechercher avant tout, dans l'œuvre de celui-ci, c'est la portée qu'il a voulu lui donner et l'influence qui en résultera pour le public : l'effet *désiré* d'une part, de l'autre l'effet *produit* ; et d'après cela on juge. En l'écrivain, deux êtres, si l'on veut : l'*homme* et l'*artiste* ; en l'œuvre, deux expressions : le *fond* et la *forme*. D'aucuns sont purement *hommes* ; d'autres, essentiellement *esthètes* ; or, l'écrivain digne de ce nom doit réunir en lui cette dualité d'aptitudes, et c'est ce qui le distingue du commun.

À cette dernière catégorie, très restreinte, appartient M. de Rouvre. Il a compris le rôle de l'écrivain dans la société moderne, rôle d'*apôtre* autant que d'*artiste*, et voilà pourquoi son livre a vite conquis ma sympathie. L'auteur, qui est jeune — nouveau mérite — s'intéresse aux grandes questions sociales, aux passionnants problèmes du *droit féminin* et cherche à les résoudre. Contrairement à lui, je pense que la femme n'est à sa place que dans son rôle d'épouse et de mère, rôle sublime, d'ailleurs, qui est loin d'être un asservissement, ainsi qu'on a voulu le prétendre : chaque pas fait par elle en dehors de cette voie constitue un faux pas ; car cette voie lui a été tracée par la nature, et je ne crois pas qu'il appartienne à une volonté humaine d'en changer les lois, ni que la chose soit utile à la société, au progrès, ce mot creux servi à toutes les sauces, et qui n'est le plus souvent qu'un masque dont s'affublent des ambitieux, ou qu'un éternel mirage où se leurre notre effort. Néanmoins, et ceci objecté, je ne crains pas d'affirmer que le livre de M. de Rouvre est beau, ce qui n'est pas un banal compliment, et bon, ce qui vaut mieux. Il se distingue par de sérieuses qualités de fond et de forme. La situation présentée est neuve et bien rendue. Les personnages sont très sympathiques. Quant au style, sans avoir déjà l'impeccable pureté, il ne manque pas de délicatesse et d'art nouveau. Je ne veux pas dire par là que tout est parfait dans cette œuvre de début, mais qu'un écrivain réel s'y révèle, sur lequel on peut concevoir de belles espérances.

On a reproché à M. de Rouvre son dénouement, sous prétexte qu'il était invraisemblable. Eh bien ! non. Je trouve très possible cette sorte de recul devant la vision de la faute commise, et si une âme goulue et quelconque s'accommoderait aisément de la situation, je doute fort qu'une âme délicate et supérieure penserait de même. Pour moi, à parler franc, il me semble qu'à la place de Laurent, j'en aurais fait autant, et que la jalousie, si jalousie il y a, eût été cette fois plus forte que l'amour. Seulement, où un tel dénouement pèche, c'est qu'il a pour résultat le renoncement de Laurent à la noble tâche entreprise de réhabiliter la femme et de l'arracher au gouffre où sa condition et sa faiblesse native semblent l'avoir irrémédiablement vouée. Alors, à quoi bon ce qui précède? Et pourquoi fermer le livre sur cette fatale et désespérante conclusion?

Pour finir, un avis tout personnel : M. de Rouvre sacrifie peut-être trop au mouvement de réaction *idéaliste*. Là n'est pas le vrai chemin, je crois. Mais outre qu'il le doit à son tempérament de mysticisme religieux (il espère, en effet, la régénération de l'humanité par la Foi), je ne m'en effraie point. Il y a bien des manières d'envisager et de développer une idée; et l'on ne peut faire un crime à quelqu'un de ne pas partager notre façon de voir et de penser.

Propos de littérature, par Albert Mockel. — Librairie de l'Art indépendant.

Ce n'est qu'un long et pieux dithyrambe en l'honneur d'un Art défunt aussitôt qu'éclos, mais non pas sans valeur : l'*Art décadent*, celui des de Régnier et des Francis-Vielé-Griffin. Un dernier jet d'eau bénite sur une tombe prête à se refermer. *Requiescat in pace!*

Entre parenthèses, à noter de curieuses dissertations sur la *forme* qui incarne la *plastique* du vers, et sur le *rythme* qui en constitue la *musique;* mais la *forme* et le *rythme* sont-ils suffisants? et dans une telle poésie, que fait-on le plus souvent de l'*Idée?*

Jonchée, par Édouard Michaud. — Bibliothèque des Modernes.

Une simple plaquette de sonnets, coulés dans un moule assez ferme, rimés avec élégance, en un style clair et délicat, bien qu'imprécis souvent. Attendons *Fleurs d'Ogive* pour nous prononcer.

Alfred REMY.

Vérane, par Adolphe Pianelli. — Henri Jouve, éditeur.

Je voudrais pouvoir dire, en ce coin de page trop exigu, combien m'a séduit *Vérane,* le distingué roman de M. Pianelli. Nous sommes loin de la banalité courante. Dans une langue chaude, vibrante et colorée comme le beau ciel de Corse, témoin des faits, l'auteur nous décrit les phases palpitantes d'un drame vécu, sauvage et mondain tour à tour. Mais l'intérêt supérieur de l'œuvre consiste dans l'heureux mélange de choses qu'on avait cru bon de faire divorcer jusqu'à présent : l'idéalisme et le réalisme. Comme si, dans la vie sincère, la Bête et l'Ange n'allaient point de compagnie, l'une enfourchant l'autre à tour de rôle! Il est aussi faux et peu documentaire de nous présenter un personnage à peau d'airain, bardé de toutes les vertus, insensible aux humaines faiblesses, qu'une brute qui n'ait pas, au tréfonds de son être, un petit coin pour l'idéal entrevu parfois. Aussi M. Charles Fromentin, du *Jour*, a-t-il pu dire que *Vérane* est « un livre nouveau, plutôt qu'un nouveau livre. » C'est caractériser d'un mot la tentative heureuse du jeune auteur. « Le matérialisme, écrit M. Pianelli, » veut la nature comme modèle, la généreuse nature, fille de l'infini, qui a » conçu l'idéal et qui n'a formé le laid que pour nous laisser le mérite de » découvrir le beau. » Suit une charge brillante — et c'est, au reste, la morale en action du livre — contre l'incurie des mères qui, par fausse pudeur et prudence mal avisée, condamnent leurs filles à l'ignorance des choses qu'elles apprendront un jour brutalement, sans défense contre le crime et parfois — combien de fois, hélas! — au préjudice de l'honneur et du bonheur de toute leur existence. A noter cette profession de foi, qui est la nôtre : « Dans le » domaine de la littérature et des arts, il ne peut, il ne doit y avoir qu'une » chapelle, la chapelle ardente de l'inspiration. Produisez, soyez vous-même, et » vous serez un original. » Oui, certes, le conseil est bon; l'auteur en fournit la preuve; et, comme succès oblige, M. Pianelli m'annonce l'apparition prochaine d'un nouveau livre. Le plus tôt sera le meilleur; nous l'attendons avec confiance, impatients de signaler un nouveau triomphe.

GEORGES PACHIUSI.

Je reçois, au moment de mettre sous presse, une plaquette de notre collaborateur Pierre Paul, intitulée : *Sainte-Barbe*. L'auteur y sonne le clairon de la Revanche en fort beaux vers; mais c'est court, et j'attends de Pierre Paul une œuvre de plus longue haleine. — A. R.

Recherches historiques sur les vingt communes du canton de Saint-Pierre-Eglise (Manche), par Louis DROUET. — Cherbourg, imprimerie Saint-Joseph.

Un amateur de curiosités historiques locales, M. Louis Drouet, a eu, il y a plusieurs années déjà, l'heureuse pensée de porter ses investigations sur l'histoire de l'un des cantons les plus importants de l'arrondissement de Cherbourg, le canton de Saint-Pierre-Eglise. Pour édifier son œuvre, pour offrir à la science des renseignements absolument certains, il s'est fait voyageur, il est allé dans toutes les localités qu'il se proposait d'étudier, il a fouillé tous les documents des mairies, interrogé les habitants, pénétré dans les châteaux, où les vieilles bibliothèques lui ont été largement ouvertes par les propriétaires, et, quand il a eu bien achevé ses courses, il s'est mis courageusement à l'ouvrage, il a composé lentement, mais sûrement, l'histoire de chaque commune du canton.

Dès que le livre a été connu, on peut dire que le succès en a été très vif dans le pays de basse Normandie, tant la lecture en est attrayante, tant aussi la méthode en est heureuse.

L'auteur divise ainsi l'étude de chaque commune : antiquités, églises, seigneuries, administrations civiles. Les documents sont analysés dans leurs parties essentielles, encadrés dans un récit très net, rempli d'intérêt, et, chaque fois qu'il en a l'occasion, M. Drouet accompagne l'histoire, telle qu'elle est, de remarques ou de rapprochements qui donnent à toute l'œuvre une intensité de vie saisissante.

Un tel livre peut servir de type et de modèle à d'autres études du même genre : c'est l'histoire d'un groupe de communes du même canton ; c'est une synthèse qui figurera avec honneur parmi tant de travaux dont la science moderne s'enorgueillit justement.

Léonce DE FONTAINE DE RESBECQ.

Les Petits Suicides, études sociales et mœurs campagnardes franc-comtoises, 1 vol. (3ᵉ de la série des *Amours rurales*, par Victor DE CHAMPVANS. — Bibliothèque des modernes, Paris-Reims ; prix : 2 fr. 50. — En vente chez Jeannerot et Alexandre, libraires à Besançon.

M. Victor de Champvans, qui, sous le pseudonyme de Charles Bourget, a commencé si brillamment une série de dix volumes sur les *Amours rurales*, nous donne, aujourd'hui, le troisième volume de cette série.

Dans la *Pivoine*, qui a précédé immédiatement les *Petits Suicides*, M. de Champvans nous présentait un tableau large, robuste et parfois puissant de la passion d'une campagnarde. Aujourd'hui, dans de courts récits, il semble jeter une larme d'apitoiement sur les petites amours, les petits intérêts des terriens. Sa plume n'a plus les grandes envolées de la *Pivoine*, mais elle glisse avec tendresse, délicatesse, et l'on sympathise avec l'auteur, en une douce émotion.

Entre tous ces récits, je préfère de beaucoup le premier qui est, du reste, le plus important. *Jean-le-Refusé* est l'histoire simple, et parfois naïve, mais d'une naïveté qui va droit au cœur d'un enfant, d'un gamin refusé à son examen de première communion. Il aime candidement une petite paysanne de son âge qui ne lui pardonne pas son exclusion de la sainte table. A la voir, le jour du grand sacrement, au bras d'un garçonnet, une obscure jalousie s'empare de l'âme de Jean et, sentant sa vie perdue, il se noye.

Cette nouvelle, empreinte d'un sentiment très vif, perd à être racontée aussi succinctement. Il faut la lire en entier pour s'imprégner de son charme si intense, de sa fraîcheur, de ses suaves senteurs de champs et de bois. Le court passage que voici en donnera une idée :

... Une mare grouillait ses eaux vaseuses, d'un gris sale, irisées à la surface par la brise légère qui soufflait dans cette campagne merveilleuse. Tout autour, la végétation s'annonçait hâtive : des bouquets de chiendent, des petites marguerites panachées, des campenottes blanches, des lourds boutons d'or, des iris bleus, des nénuphars blancs et jaunes, dressaient leurs ors et leurs hermines à travers les touffes épaisses des joncs marins. Au loin, la verdure des blés frêles se mariait aux tons plus sombres des pins et des sapins protecteurs : les arbres, timidement, pointaient leurs bourgeons, leur blanche et rose floraison ; les premiers lilas, tendrement, secouaient leur toilette claire ; et dans les buissons, les fourrés reverdis, des frôlements d'ailes, des mariages d'oiseaux, apportaient l'intensité de leur vie amoureuse et heureuse.

J'aime moins le *Gérant*, la nouvelle qui suit ; mais *Marie Champion* est un récit vivement senti, tout plein d'une douleur bien suggestive. *L'Assomption au Saint-Michel* est encore remarquable par le relief de l'expression, la vigueur de l'émotion. Ce sont de belles pages qu'il faut lire. J'arrive aux *Petits instantanés*, où il y a de saisissantes descriptions ; au *Noël du vieux bûcheron* ; au *Coin de France*. Mais à quoi sert de m'étendre d'avantage ? Je ne ferai que répéter les mêmes éloges bien sincères ; car de tout cela se dégage une vive impression d'art. Si j'ai une critique sérieuse à faire, c'est que le livre est trop court. Nous attendons de M. de Champvans une nouvelle œuvre de longue haleine, faisant suite à la *Pivoine*, et, comme la *Pivoine*, fortement charpentée et écrite.

Lucien CORTAMBERT.

Reçu : *La Belle Bachelette*, par Antony Réal (E. Flammarion) ; — *L'Annonciation*, par Saint-Georges de Bouhélier (Léon Vanier) ; — *Saint-Dictamen*, par Paul Auvard ; — *Semailles*, par Georges Jouvent. Compte rendu au prochain numéro.

REVUES ET JOURNAUX

Paris. — *Simple Revue*, de Georges Régnal, nous met l'eau à la bouche avec une très suggestive étude des *Demi-Vierges*, de Marcel Prévost, par Élie, de beaux vers d'Emmanuel Signoret, et un bon croquis d'Alfred Lesimple : *Par les routes ;* — tandis que l'*Avenir artistique* se distingue par sa réelle indépendance. Parmi les collaborateurs, nous relevons nos Edmond Sée, Alfred Remy, Alcanter de Brahm, et André Serph qui bataille hardiment pour la rénovation dramatique. — *Paris-Province* annonce un grand concours et publie de curieux souvenirs littéraires de notre collaborateur Alexandre Tanchard : *Dix ans au quartier latin*. Au sommaire beaucoup de noms de femmes : est-ce pour cela que les vers y sont si fades et en telle quantité ? — Oh ! ces femmes de lettres, quelles encombreuses ! — En le très coquet *Mascarille*, André Lénéka parle de Ballande et de ses pensionnaires, et Émile d'Ernay parodie très finement *Dupont et Durand*, d'Alfred de Musset, accommodé à la sauce *moderne*. — Le *Mercure de France*, bien curieux, lorsqu'il ne se ridiculise pas en hospitalisant les élucubrations de certains fumistes ; — l'*Art littéraire*, taillé d'après le même patron, organe des *incohérents* et *déliquescents* littéraires. De très bonnes choses toutefois, lorsque ces messieurs consentent à être *clairs*. Mais quand je lis les vers décousus, cassés, et abstraits jusqu'à l'incompréhensibilité, de cet entêté de René Ghil, qui se débat, comme un diable dans l'eau bénite, lorsqu'on l'apostrophe de l'épithète (injurieuse, paraît-il ?) de décadent, ou ceux abracadabrants d'Alfred Jarry, je me demande volontiers d'une telle langue : est-ce du sanscrit, du volapuck, ou quelque idiome plus bizarre ?

Franchement, c'est à y perdre son latin. — Reçu aussi le *Bulletin des sommaires* qui fourmille de documents intéressants, et est rédigé en *nouvèle ortografe*. Triomphe, ô Gréard!... Attendons le *Semeur* de Charles Fuster, la *Revue socialiste*, la *Revue des revues*, la *Nouvelle Revue internationale*, la *Cloche* d'Elear ; la *Quinzaine* de Paul Harrel ; *Triple Revue*, etc.

En Province. — Nous avons, au premier rang, la *Revue de l'Est*, qui donnait dans son avant-dernier numéro une touchante nouvelle de Victor de Champvans : *Jean le Refusé*, et des vers vibrants de notre Alfred Remy ; et dont le dernier contient deux *Croquis de Misères*, de Jean Blaize; de fort beaux vers signés : Henry de Braisne, Eugène Tavernier, Charles de Rouvre, Martial Teneo; d'intéressantes études artistiques d'Alcanter de Brahm et Armand Bourgeois; une prose d'un raffinement exquis : *Une Sœur de Yanthis*, par Albert Patron ; d'excellentes critiques théâtrales de Lucien Cortambert et René Ponthière, et le portrait d'Henri Labroue, directeur du *Paris-Joyeux*, brossé par Emile Strauss.

— *Rouen artiste* offrait dernièrement à ses lecteurs des vers superbes de Charles Grandmougin; une jolie reproduction des *Bergers d'Arcadie*, du Poussin, et un portrait du grand peintre d'après sa statue aux Andelys, dû au crayon de E. Morel. En son numéro du 25 novembre, lire un joli sonnet d'Alfred Remy.

Les Gaudes, où «zig-zague, » l'impayable Pierrot, découpent quelques extraits des *Souvenirs littéraires* de notre éminent collaborateur Edouard Grenier ; à lire aussi de bons vers rustiques d'Albert Duvaut et de notre ami Louis Duplain, et l'interminable étude de Victor Fraitot sur la *Femme à travers les âges*.

L'Indépendance du Midi nous arrive à l'instant avec une causerie assez banale de Meiffren, mais d'intéressantes études d'Hector France, de Darnel, de notre Marius d'Arcourt ; de jolis vers par Johannès Gravier et Prosper Roche ; et une partie *félibréenne*. L'*Indépendance* annonce pour son prochain numéro une étude de notre directeur Alfred Remy, sur *Paul Verlaine* (en vente chez les principaux libraires de Besançon).

La Revue Stéphanoise et Forézienne : des vers en quantité, rien que des vers (toutes les publications en sont pourries). Hors texte, une délicieuse romance, avec, comme auteurs, Léon Merlin pour les paroles, et Gabriel Samborski pour la musique.

La Libellule de Lyon, très gentillette et très spirituellement illustrée par Charles Missol fils, un jeune dessinateur de talent dont nous donnons en ce numéro une gravure très réussie. Ouvre un grand concours dont notre directeur, Alfred Remy, est président pour la section littéraire (voir aux Echos). D'Alfred Remy toujours, un remarquable croquis : *Goualeuse*, et du Poète-Vigneron de l'esprit et beaucoup d'humour ! Tous n'en peuvent offrir autant !

Les Echos d'Anjou. Beaucoup de *sport* et peu de *littérature* ; mais ce peu est bon, et nous l'aimons autant ainsi. Vers d'Ernest Fleury ; Emile Boissier, J. Grisez-Droz, Henri Corneau ; et touchante nouvelle de Marie Krysinska : *D'Autres*.

La Soirée Bordelaise, plutôt théâtrale; citons pourtant des croquis finement dessinés, et notamment *Le Suiveur* et le *Fils moderne*.

L'Éleveur, revue spéciale, mais fort curieuse, qui intéresse les amateurs des questions *sportives et cynégétiques*.

Lire tous les mardis la batailleuse et intéressante *Semaine littéraire*, que notre directeur Alfred Remy publie dans le *Petit Comtois*, où il a également commencé un roman campagnard-social, qui est une étude très fouillée des mœurs franc-comtoises : *La Faillite de la Terre*, et, dans l'*Almanach du Petit Comtois*, très bien composé, des études tour à tour désopilantes et macabres, parmi lesquelles *La Promise* d'Alfred Remy. Et sur ce, lecteurs, salut et au revoir !

PINCE-SANS-RIRE.

P. S. — Nous autorisons la reproduction de nos articles à condition d'en indiquer la provenance. — Parmi les quotidiens qui ont annoncé la *Revue de Province*, nous avons appris, par le *Courrier* et l'*Argus de la Presse*, les noms suivants : la *République Radicale*, la *France Nouvelle*, l'*Observateur Français*, le *Gil Blas* quotidien, le *Journal*, etc. ; en province : le supplément littéraire du *Lyon Républicain*, le *Petit Comtois*, le *Pays de Montbéliard*, la *République du Jura*, la *Dépêche de l'Ouest*, l'*Union libérale* de Tours, le *Républicain* d'Orléans, le *Républicain de Nogent-le-Rotrou*, l'*Étincelle* et de nombreux encore (une cinquantaine) dont nous donnerons les noms dans notre prochain numéro. En attendant, à tous cordialement, merci ! P.-S.-R.

ÉCHOS ARTISTIQUES

PARIS

Parmi les morts, toujours trop nombreuses, hélas! nous avons appris depuis quelque temps celles de Louis Figuier, un savant distingué ; du romancier Saunière ; de Victor Duruy ; de Raoul Bonnery, un homme de lettres de talent ; de Raymond Cavalier, secrétaire de la rédaction du *Gaulois*, et de Francis Magnard, rédacteur en chef du *Figaro*, qu'il dirigeait depuis la mort de M. Villemessant. Tous nos regrets!

*
* *

La séance publique annuelle de l'Académie a eu lieu jeudi. Place nous manque pour en parler.

*
* *

L'Académie *Paris-Province* organise un grand concours de littérature, de sculpture, de musique et de dessin. Nos compliments à la vaillante présidente, Mme Elisa Bloch, et à notre aimable confrère Alexandre Tauchard.

Notre collaborateur, le bon poète Frédéric Bataille, professeur de français au lycée Michelet, vient d'obtenir une médaille d'or à l'exposition universelle de Lyon pour sa *Grammaire pratique de la langue française*, et pour l'ensemble de ses ouvrages d'enseignement.

*
* *

Une nouvelle société littéraire vient de se fonder sous ce titre : *La Courte Echelle*. Un premier banquet a eu lieu le 10, sous la présidence du grand poète Paul Verlaine, dans les salons du café Procope.

*
* *

Notre confrère Georges Docquois, du *Journal*, avait organisé dernièrement un *Congrès des poètes*, à seule fin de savoir lequel, parmi ceux d'aujourd'hui, avait le plus d'estime dans l'esprit de la jeune génération. Voici les résultats obtenus : Paul Verlaine a 77 suffrages ; Jose-Maria de Heredia, 38 ; Stéphane Mallarmé, 36 ; Sully-Prudhomme, 32 ; F. Coppée, 26 ; Jean Richepin, 24 ; etc. Bizarre, n'est-ce pas ?

*
* *

C'est le 6 décembre prochain que doit avoir lieu à l'Académie française l'élection d'un candidat en remplacement de M. Leconte de Lisle.

*
* *

Les concerts *Lamoureux* et *Colonne* font courir *Tout-Paris* artiste depuis quelque temps. Cela tient à la parfaite exécution des morceaux par un orchestre d'élite, et, dans notre prochain numéro, notre rédacteur musical leur consacrera une étude détaillée.

*
* *

Une bonne surprise. Rodolphe Salis vient de rouvrir son joyeux *Chat Noir*, le plus artistique des cabarets littéraires.

*
* *

Les *Modernes* viennent de fonder un *Théâtre des Modernes*, un *Conservatoire* dont l'ouverture est imminente. La direction est confiée à notre ami, le vibrant poète, Léonard Rivière.

*
* *

Un nouveau genre de théâtre vient de se fonder sous ce titre : *Office Théâtre*. Nous en parlerons à l'occasion, et, en attendant, nos meilleurs encouragements.

EN PROVINCE

Besançon. — Nous avons eu ces jours derniers la bonne fortune d'entendre, au théâtre municipal, la première de *l'Attaque du Moulin*, poème de Gallet, d'après Emile Zola, musique de M. Bruneau. Au premier acte, M. Mignou, régisseur, a remis une palme à M. Bruneau qui dirigeait lui-même l'exécution de son œuvre. La place nous manque pour donner d'autres détails. Mais d'ores et déjà nous adressons à la direction, qui, cette année, nous paraît intelligente, nos vives félicitations, et, pour peu qu'elle continue dans cette voie, nous ne lui marchanderons pas nos sympathies.

Même note pour l'*Union artistique*, qui a repris ses *concerts de famille* et ses *concerts mensuels*, véritables soirées de gala, et pour la *Société nautique*, deux intéressantes sociétés de notre ville.

*
* *

A l'exposition de Lyon, la ville de Besançon a obtenu le grand prix pour les travaux de son bureau d'hygiène, avec attribution d'une médaille d'or à notre ami M. le docteur Baudin, et d'une médaille d'argent à M. Jeannot.

*
* *

Notre ami, le bon poète rustique, Louis Duplain, va publier un nouveau livre de vers, qui sera un vrai régal pour le public.

*
* *

Angers. — Une exposition artistique et un concours de musique vont s'ouvrir dans cette ville. On compte sur d'excellents résultats.

*
* *

Toulouse. — Nous avons appris la mort de M. Victor Levère, directeur de l'*Echo des Trouvères*, journal poétique du Midi. Compliments de condoléances à Mᵐᵉ Levère !

*
* *

Lyon. — Au dernier moment, notre ami et collaborateur, le poète-vigneron Charles Missol, nous annonce un grand concours qu'il organise par l'intermédiaire de sa *Libellule*. De nombreuses médailles seront décernées. Les meilleurs envois seront édités dans un *Livre d'or* qui paraîtra fin janvier. A ce propos, nous lisons dans la *Libellule :*

« Le jury, composé de nos meilleurs écrivains, présidé par un jeune maître » de talent, Alfred Remy, fondateur de la *Revue de Province*, examinera les » envois littéraires.

» Sous la présidence de l'éminent sculpteur et dessinateur, J. Bourgeot, nos » professeurs lyonnais choisiront les meilleurs dessins. »

Cette distinction honorifique accordée à M. Alfred Remy est une nouvelle preuve de la sympathie et de la popularité dont jouit notre jeune et vaillant directeur.

Demander le programme à M. Charles Missol, 12, rue Gasparin, à Lyon.

*
* *

Poissy. — Dimanche, 25 novembre, a eu lieu l'inauguration du monument élevé à Meissonnier, le peintre des batailles, par ses amis et ses admirateurs. La statue est due au ciseau de l'habile sculpteur Frémiet.

M. Leygues, ministre de l'instruction publique, MM. Alexandre Dumas et Élie d'Oissel, maire de Poissy, ont prononcé des discours,

*
* *

Dijon. — Une revue vient de paraître sous ce titre : *Revue pacifique et littéraire*, qui se propose au premier rang la pacification des peuples. Comme c'est là aussi un des points de notre programme, nous ne pouvons que souhaiter plein succès à ce nouveau confrère. Directeur : Édouard Grimbert, à Sainte-Colombe (Côte-d'Or).

ÉTRANGER

Rome. — Notre illustre collaborateur, M. Émile Zola, dont le dernier roman, *Lourdes*, a fait tant de bruit, est parti pour Rome, dans l'intention de se faire recevoir par le pape, et d'y préparer son nouveau livre qui, avec *Lourdes* et *Paris*, formera une sorte de trilogie, intitulée : *Les Trois Villes.*

*
* *

Saint-Pétersbourg. — Le jour de la Toussaint, nous avons appris la mort du czar Alexandre III, empereur de Russie. Il n'avait pas peu contribué à assurer l'équilibre européen, en dépit de la triplice, et chacun se souvient de Cronstadt et de Toulon. C'est là, peut-être, le plus beau côté de son rôle, rôle pacifique avant tout, que son fils et successeur, le czarewich Nicolas, à présent l'empereur Nicolas II, continuera, espérons-le. Depuis les fêtes franco-russes, Alexandre III était très populaire en France, et la part que notre pays a prise au deuil de sa famille en est la meilleure preuve.

*
* *

Nous apprenons la mort du grand compositeur Rubinstein à Péterhoff, par suite d'une attaque d'apoplexie.

L'INDISCRET.

Le Gérant : F. REMY.

Besançon, impr. Millot frères et Cⁱᵉ, 20, rue Gambetta

Désireuse d'être utile à ses collaborateurs, et afin de compléter son programme, la **Revue de Province** s'est adjoint une *Bibliothèque* où seront éditées leurs œuvres, à des conditions exceptionnelles et défiant toute concurrence.

OUVRAGES A PARAITRE :

ALFRED REMY

Eperdûment, poésies. — Un volume de 112 pages. — Prix **2.50**

La Faillite de la Terre, roman (en cours de publication dans le *Petit Comtois*). — Un volume. — Prix. . . **3 »**

La Franche-Comté et ses Poètes, cinq fascicules. — Prix de l'un. . **0.60**
Complet **2.50**

Pages de la Vie, contes et nouvelles. — Un volume. — Prix. **2.50**

A Brûle-Pourpoint, thèses littéraires, philosophiques et sociales. — Une brochure. — Prix **1.50**

DORU-LATU

La Prochaine Revanche, chanson patriotique (air de la *Marseillaise*). — Une jolie plaquette. — Prix **0.15**

RENÉ CHAMPDEUIL

Les Petits Chagrins, contes et nouvelles. — Un volume, avec portrait de l'auteur . . . . **3 »**

JEHAN PASCAL

Pierre Mastulu, Gendelettre, étude contemporaine. — Un volume, avec portrait de l'auteur . . . . **3 »**

Nous nous sommes en outre assuré un volume de poésies du bon poète : Louis DUPLAIN, — et deux autres ouvrages — un roman et un recueil de contes et nouvelles — dont nous ferons l'annonce en notre prochain numéro.

A partir de son n° 2, la *Revue de Province* publiera des ANNONCES au tarif suivant (service de la *Revue* compris) :

Une page		1/2 page		1/4 page	
24 insertions . .	400 fr.	24 insertions . .	250 fr.	24 insertions . .	150 fr.
12 — . .	220 »	12 — . .	150 »	12 — . .	80 »
6 — . .	120 »	6 — . .	80 »	6 — . .	45 »
1 — . .	20 »	1 — . .	15 »	1 — . .	10 »

COURRIER DE LA PRESSE

Quel est l'homme politique, l'écrivain, l'artiste, qui ne souhaite savoir ce qu'on dit de lui dans la presse ? Mais le temps manque pour de telles recherches.

Le *Courrier de la Presse*, fondé en 1889, boulevard Montmartre, 21, à Paris, par M. Gallois, a pour objet de recueillir et de communiquer aux intéressés les extraits de tous les journaux sur n'importe quel sujet.

Le *Courrier de la Presse* lit 6,000 journaux par jour.

ARGUS DE LA PRESSE

FONDÉ EN 1875

« Pour être sûr de ne pas laisser échapper un journal qui l'aurait nommé, il était abonné à l'*Argus de la Presse*, qui lit, découpe et traduit tous les journaux du monde et en fournit des extraits sur n'importe quel sujet. »

Hector MALOT (*Zite*, pages 70 et 323).

L'*Argus de la Presse* a ses bureaux 155, rue Montmartre, à Paris.

Nous allons nous occuper sérieusement de trouver de nombreuses **primes** pour nos abonnés. Nous les annoncerons dans notre prochain numéro.